U0094693

포스메이킹
FORCE
MAKING
打造氣場

氣場全開，活出最好的自己

氣場打造者 **申銀英** 著

尹嘉玄 譯

找到自己的內在洞察技術，打造氣場

　　我因為職業的關係，需要讓自己看起來有模有樣，不論是社會上的面子、地位、人際關係等，都希望能顯得光鮮亮麗。我原以為，只要等自己達到某種程度的成就、有了經濟上的自由之後，這種問題就會自然解決，但是後來發現原來完全不是這麼一回事。

　　隨著人脈愈廣、要扮演的角色愈多，我發現也愈來愈難展現自己。一開始還會藉由打扮得漂漂亮亮來撐場面，但很快就遇到了瓶頸，因為真正會讓人覺得帥氣的人，不會因為換了一雙更昂貴的鞋子或一只包包就達到這樣的效果。

　　我希望自己在後輩、同事、朋友心目中是他們想要效仿的對象，作為人生的楷模、溝通順暢的事業夥伴、不論何時見面都還是認為很不錯的那種人。通常帥氣有魅力、令人想模仿、可愛到讓人想親近的人，都需要具備屬於自

己的香氣、色彩、氣質，他們充滿自信又美麗動人，自帶非凡氣場。然而，那種氣場究竟該如何展現呢？

　　過去十年來，我為了發掘隱藏於內在的東西，參加了各種課程、挑戰讀書。雖然打磨想法並將其精雕細琢的過程並不容易，但是我熱愛生活，也對於想要成為更好的人充滿熱情。我想要直視最真實的自己，也想要了解自身的優點與魅力究竟是什麼，好好運用這些元素讓自己更上一層樓，我已經是活了大半輩子的成年人，接下來的餘生還有好長一段時間。

　　擁有華麗氣場，並不是來自光環或威嚴那樣的權威，而是從展現一個人獨特的本性開始。就好比石墨（又稱黑鉛）和鑽石，一個是輕鬆斷裂的鉛筆芯，一個則是地球上最堅硬的礦物，雖然兩者都是由同一種化學元素——碳所組成，卻帶著截然不同的兩種極端性質。

　　鑽石中的每個碳原子都會與其他四個碳原子緊密結

合，像網子一樣交織在一起，形成不會被任何東西摧毀破壞的礦物；反之，用來做成鉛筆芯的石墨則是每個碳原子都會和另外三個碳原子鍵合，排列方式呈六角形的層狀結構，正因為是層層堆疊的結構所以容易斷裂，卻是人人都可輕鬆取得且適合拿來靈活運用的物質。

兩者的用途、外觀、使用方法全然不同，就跟我們人類一樣，儘管都是以人類的樣子誕生在這世上，卻會因獨特的本性而締造出不一樣的發展。洞察這點並加以補強，便能從此展開人生新頁，這就是打造氣場的核心重點。

打造氣場是洞察自我內在技術的集合體，因為會將內在與外在的所有感覺進行整合，認知自己現在身處的情況，幫助自己再向前邁進一步。根據洞察所產生的自信行為，將成為用更柔軟的身段面對世界、盡可能降低認知錯誤、通往更美好人生的強力武器。

我總是對自己耳提面命，儘管生來是鉛筆芯，也要活得像鑽石一樣無堅不摧。雖然我曾經是個不擅長提問、為

自己據理力爭、向對方尋求諒解的人，但是自從直視這樣的自己以後，就不再擔心害怕任何事情了。這本書是我挖掘出隱藏於內在的氣場，帶著確信自行領悟到的自尊感修復方案。由於我深信各位和我沒什麼不同，我能做到，各位也一定能做到，所以才使我提起勇氣寫下本書。

　　由衷希望本書可以成為各位探索自我的機會，把自己牽著的四個碳原子找出來，不論是石墨還是鑽石，只要記住我們每個人都是擁有獨特光芒的原石，就能蛻變成不被任何人傷害的堅定之人。期盼這本書可以使各位的觀念從「我還能做什麼」轉變成「我好像還是能做點什麼」。

二〇二二年十二月，申銀英

推薦文

在成為綜合排行榜第一名作者以前，我總是思考究竟何為好書？如果作者的成就很明確，我就閱讀；沒什麼成就，我就闔上，原則極其簡單。申銀英代表在自身工作領域達到了最高水準，在家庭裡也以伴侶兼合作夥伴的身分朝完美的終點線奔赴。她實現了「氣場打造者」的真正意義，所以我沒有理由不讀這本書。

——自青，「life 駭客」、「Isanghan 行銷」代表理事，《逆行人生》作者

作者申銀英透過十年來的努力，將隱藏於內在的「氣場」發掘出來，成為三四十歲女性心目中的模範——「氣場打造者」。著實令人驚艷。從一名平凡女性到成功的氣場打造者，這本蘊含神奇秘訣的書籍終於問世，我要為此獻上熱情的祝福與掌聲。但願閱讀這本書的人可以與作者一同獲得勇氣與自信，並且準備新的挑戰機會。

——洪成泰，品牌推廣專家，《每一門生意都是品牌推廣》、《成長》作者

愛問問題的人能過得更好，尤其是在眾人追逐世俗答案的社會裡更是如此。懂得自行提問、向世界拋出問號的人，才有可能創造出足以向他人分享的「成功故事」，比較有人氣的幾場 Sebasi 演講，通常就是來自於這樣的人。作者申銀英同樣也是很愛發問的人，她甚至將親身學習、挑戰、經歷的事物，寫成專屬於自己的故事與解答。那些宛如寶石般的內容統統收錄在本書當中，和她一樣親自嘗試拋出「屬於自己的提問」，找尋「屬於自己的解答」，會比去聽數百場講座還要來得有用。

——**具範俊**，Sebasi Talk：「改變世界的時間十五分鐘」代表製作人

這本書寫得很誠實，誠實的文章容易引人共鳴。作者透過文字展現了不足的內在，分享其脆弱的一面，並使人重拾向前邁進的力量。這是專屬於她個人的氣場，這或許才是所謂真正的領導力，也是溫柔的堅強。從舉手發問自己不懂的問題，到按照自身品味做選擇、向人打招呼、拒絕別人、與人結下良緣等……，在她走過的所有人生場景裡，都有著我們的影子。她不愧是專攻化學出身，觀察入微，詳細描述著微妙的混合能夠帶來什麼樣的結果，進而寫出這本有趣的書。不論你是少陽人還是秋季型人，都將藉由這本書學到做自己的方法、愛自己的方法、成為主導者的方法。這是一本透過會有共鳴的故事促進自我成長與他人成長的富含魅力之書。

——**高賢淑**，國民大學教授，「Coaching 經營院」代表指導老師

希望那些想要帥卻帥不太起來的人、不是很了解自己的人，透過這本書可以更了解自己、愛自己。所謂「打造氣場」，不只是表面上看到的樣子，還包含隱藏於內在的帥氣感也統統都要挖掘出來。期盼各位也能找到自己的優點與弱點，迎接未來更加幸福的日子。

——**柳宗刑**，四象體質心理學理論創始者

申銀英是我認識的四十歲女性當中最積極進取、美麗動人、創下快速成長紀錄的女性。她以傑出的平衡感在工作、家庭、地區和鄰居間扮演著比誰都還要有助力的關鍵角色，而她寫的書，如今終於要問世了，我為此獻上無限的祝福與掌聲。衷心期盼閱讀本書的讀者可以和她一起重拾自信、安排一些全新的挑戰機會，搖身蛻變成充滿氣場的女性。

——**于美玲**，LUSH 代表

申銀英會騎重機？還會跳一整晚的騷沙舞？她甚至開了派對把自由當禮物送給大家？哇，她已經徹底破繭而出了，並且為受困於某處的另一個銀英的獨立而寫這本書。四十歲，她的第二段青春期，身為一同環遊世界的朋友，不能不大力支持。

——**尹素鄭**，TRUS BRAND GROUP 代表

隨著長時間相處在一起，我所看見的申銀英代表，是一名落實給予者角色的人。她會用心去觀察每一位見面的人，發覺對方獨特色彩，並為對方獻上感動，然後從中找到自身幸福。只要跟著她所介紹的打造氣場方法執行，我相信各位也會找到屬於自己的氣場，活出更上一層樓的人生。

——**金周河**，充滿心意的說話技巧研究所代表，《富人的說話技巧》作者

申銀英代表就像搬運能量的道路，當周遭朋友在面臨挑戰時，只要展現些微猶豫，她就會露出燦爛笑容提升士氣，也會為想要順應習慣過熟悉日子的懶惰感注入活力。這本書充分體現著申銀英代表平時運用能量的方法與想法，希望各位也能嘗試感受。

——**金鎮香**，RichK 代表，《以品牌立足生存》作者

假如你不想要再過著被他人牽著鼻子走的人生，想要把掌控權握在自己手中，那麼我敢斷言，這本書將會是最佳的實踐型教學書，作者藉由自身經驗與豐富知識、洞察，詳細親切地分享如何以自己為主體活出屬於自己的人生。對於渴望人生勝利的每個人來說，這絕對是一本必勝的方法書，推薦各位閱讀。

——**朴宗尹**，e-Commerce 專業顧問，《我的命運由顧客決定》作者

作者會使人重新回顧自己內在是否還存有一絲尚未熄滅的熱情小火苗，如今，她終於出書，雖然她看似比誰都還要華麗，卻也比誰都還要孤單；感覺會比誰都還要堅強，實際上卻是個容易擔心害怕的人，就連這樣的她都能辦到了，更何況是我們。看到她的故事會使我產生勇氣，願各位也能一同獲得這份勇氣。

——**吳鐘哲**，線上溝通藝人

所謂和諧，表示接受和自身波動一樣的意思，這是一本指引你從自身出發，再歸結成我們時，所發生的各種問題要如何和諧去理解並接納的書籍。我們都不要陷入痛苦當中，還是活得有趣一點吧。

——**李朗州**，視覺策略家，《Winning Color 必勝色公式書：觸動與挑撥！牽動人類欲望的 10 大色彩能量法則》作者

作者理解人的方式十分有趣，她表示每個人都是一顆星星、寶石、宇宙。你只要用心傾聽她的發言，並專注於自身內在，不知不覺間，就會產生任何問題都能解決的自信心，而這也很可能是自行開拓的命運也不一定。

——塔羅牌老師鄭回道，《命運演算法》作者

這是一本適合讓男朋友或先生送給女朋友或太太的書籍，裡面充滿著許多故事足以使你擺脫過去、了解自身課題是什麼。目前正在做的事情有何意義、為了讓自己更進一步又該如何做，這本書讓你得以深入思考這些問題。我要為作者終究還是鼓起勇氣，將自身過去攤在陽光下為題材這件事，獻上如雷掌聲，而我也期待這份掌聲能回到讀者身邊，成為一門成功的計畫。

——李納金，職場人士變富翁研討會代表

有些人尤其會散發出充滿新鮮感的氣息，這股氣息甚至會感染周圍的人，使大家也感到興奮期待，像孩子般傻笑，而這個人正是這本書的作者——申銀英代表。這十年來，我一直都在一旁看著她成長，她以令人害怕的速度改變自己，我也對此深感震驚，不免好奇這股力量背後的源泉，所有祕密統統都收錄在這本書裡！你也想要找出自己的魅力與氣場嗎？經過她親身實踐過的方法所寫出來的這本書，對於每天都想要迎接幸福與自信的女人來說，自然是非讀不可。

——趙聖熙，「Mind Power School」代表，《The Plus》、《奇蹟的心態力量減肥法》作者

這是一本對內向、平凡、至今還在磕磕絆絆、一點也不像大人的大人，悄悄傳遞「這模樣才是真正的你」的書籍。告訴那些習慣每天虛度光陰的人，再試著挑戰一次，人生第二回合還尚未開始，還有充分的機會。我也真心為目前正在開啟人生第二回合新挑戰的作者加油打氣。

——朴載賢，「Brand insighter」代表

文如其人。我讀著原稿，可以猜想得到作者是個什麼樣的人。她有著客觀看自己的能力，也懂得洞察人心，並且想要擺脫自身框架，也是想要展翅高飛的人。她求新求變，不斷拓展自身領域，對於自我發展很感興趣。假如你也是對現在的人生感到煩悶、想要做出一點改變的話，這本書絕對值得一讀。

——韓根態，Hans 顧問公司代表

目錄

目錄

第3章　展現自我氣場的方法 ──────── ◆

第 *1* 章
哪些人需要
打造氣場

先去感受自己從以前到現在是如何生活的吧。容易厭倦、
不擅長整頓打理，也不懂得據理力爭的自己，一定都有原
因。氣場不是靠別人創造提供，只要認可自己，自然就會
由內而外散發出來。從現在起，和我一同進入打造氣場的
世界，發掘隱藏已久的自己吧。

人生不是一份需要解完的習題，
而是需要注入生氣活力的祕密。

__托馬斯・默頓（Thomas Merton）

害怕提問的人

提問只是凸顯結果的過程，
世上沒有完美的提問

我很喜歡化學，我對於元素聚集後變成分子，分子聚集後再產生肉眼看不見的反應，進而使所有現象產生這件事感到神奇。反之，我覺得物理好難，也有著先入為主的觀念，認為物理是天才們才會讀的一門學問。

大學選擇專攻化學之後，初次聽聞的物理學課程更讓我感到這是不同次元的世界，每個單字都像外星文一樣陌生。上量子力學課時，我還擺出一副假裝聽懂的樣子，可是教授頻頻提到的「量子跳躍」(Quantum Leap or Quantum Jump) 究竟是什麼東西，我實在一無所知，因為那是我第一次聽到的單字；然而，明明同樣都是大一新生，其他學生卻像早就學過似地專注投入。

「為何其他人都聽得懂？」

當我感受到教室裡聽不懂的人好像只有我自己時，突然有一種變渺小、微小如塵埃的感覺。現如今還有智慧型手機可以立刻上網搜尋，但在那當時實在無從查找得知。所有人都在專心上課，只有我被那四個字困住，有一種大腦停止運作的感覺。

假如當時我有勇氣舉手請老師說明什麼是量子跳躍的話該有多好，可惜當下的整體氛圍不允許我這麼做，感覺不適合開口問那是什麼，所以沒能鼓起勇氣提問。

我覺得自己跟不上大家，所以變得畏畏縮縮，也擔心和教授四目相交，只好低頭緊盯課本，自行尋找究竟何謂量子跳躍。

「為什麼課本裡都找不到？難道大學生也會提前預習？還是其他人真的都是天才？看來我只是運氣好而已。」

我看著不停自責的自己，覺得好遜。要是有悄悄問坐在隔壁的同學什麼是量子跳躍，可能那兩小時的課程還不至於那麼痛苦。

如今回想，我好像從小就不太會在課堂上舉手發問。假如有好奇的地方或者遇到不懂的問題，都會為了不妨礙老師上課而獨自偷偷翻課本找答案，或者等待老師主動說明；換言之，我會因為擔心打斷老師上課而不選擇提問。

反之，有些同學則是很會一邊傻笑一邊問愚蠢的問題，明明老師上一秒鐘才剛解釋過，他卻能像初次聽聞一樣毫不害羞地請老師再說一遍。我很羨慕這種同學，因為我總是會看大家的臉色，心想「真的可以問這種問題嗎？」於是就錯失了提問時機，而這樣的習慣也一直延續到長大成人。

就是因為像這樣老是解決不了內心的好奇，所以我也變得愈來愈沒自信，無法好好享受學校生活，找不到歸屬感，會覺得那個地方不屬於我。讀大學時，我從未認真讀書，成績是系上最後一名，能順利畢業都已經要偷笑了。

究竟是什麼原因呢？為什麼我連個問題都沒辦法好好提問？於是某天，我默默看著那些舉手提問的同學，才發現原來我一直都在用負面角度看待這些提問。

這種問題也敢問。

剛才老師明明有說過。

那是課本裡有的，怎麼不自己找找看。

怎麼好意思問這種不相干的問題。

不到零點一秒鐘的時間，這些念頭就統統湧現，原來我一直在默默評價那些提問是否恰當，判斷那些提問是否必要；原來我很習慣判斷別人的行為，而且是用負面角度去觀看。問題在於，就連自己要提問時也會用這樣的視角去看自己，所以可能下意識地認為其他人一定也會用相同方式評價我的提問。

無視多元只求正解的填鴨式教育、以成果為導向的整體社會氛圍、追求完美的個人特質，當這三點融合在一起，就不自覺形成了我這種態度。

於是我不斷思考，最終找到了可以如何改變的答案，也就是停止二分法思維——只要不是最佳、最棒、完美、正解就認為不具價值，不是這些就是最糟、最差、答錯的。

要懂得尊重他人的提問，不論是在什麼時間點提問、問什麼內容、提問的態度等，都與我無關。只要我不先評價他人，他們也就不會評價我。

　　當我開始改變思維以後，就變得逐漸可以接受自己不甚完美的樣子、不甚完美的提問、不甚完美的言行。就算看起來有點笨拙，也終於有了提問的勇氣。或許過去的我，就是因為誤以為自己問問題會被當成傻子，所以才會錯過許多成長機會也不一定。

　　我不是因為性格太內向才不敢發問，對於猶豫該不該向人開口詢問的人來說，內在都有著「完美」兩個字，只要沒有符合自己的完美標準，就不會輕易採取行動，因為會認為問的問題等於自我評價。

　　正因為是用完美的角度來看待這世界，所以在行動或發言前，都會先試圖掌握情況；假如難以掌握當下情況，就會不敢輕舉妄動，也會注意禮貌，直到完美準備好為止。因為不斷修改或忍耐，所以總是小心翼翼，擔心自己

會不會出錯，擔心自己做出某種行為或提問時，得到的回應不如預期。

而且不只對自己，還會一直觀察周遭人士，一邊注意人們的行為或提問，一邊在內心抱持疑問：「何必去做那些沒意義、沒好處、沒重點的事情？」只是表面上沒有特別表現出來而已，實際上都在暗中判斷提問是否恰當。

假如往正面去發展這樣的特質，就可以達到深入分析、擁有哲學式思維；反之，如果往負面發展，就會變得畏畏縮縮，老是採取防禦姿態，會難以拋開別人一定也像自己評價他人一樣在評價自己的念頭。

其實根本不必害怕發問，每個人心裡都有自己一套標準，我只要稍微降低自己的標準即可。

假如稍微調整一下嚴格規範自己的想法與態度，變得輕鬆自在一些，那麼，我相信一定能做許多至今為止未能做過的事情。

不知道的話就該問個明白再去做啊！

當進行中的事情面臨困難時，主管或組員就會對當事

人說這句話。如今已是求職也會面臨重修、三修的時代，所以成為新進員工後，都會暗自下定決心要在一間公司做到老死為止，但是士氣也會隨著時間逐漸低落。

因為想要把事情做好，也擔心要是連這種事情都要問同事會不會被瞧不起，所以才會獨自土法煉鋼，要是結果不錯倒還好，萬一非預期的失誤與事故頻繁上演，一兩個月後就會開始深深自責，認為自己好像真的是一個很不會處理事情的人。像這種時候就要懂得主動提問、尋求幫助，更何況不趁自己還是新人、後輩的時候多多提問，要等到何時？等日後成為組長、底下開始帶人時，就更沒有人可以詢問了。

就算身為上司也是，其實不需要羞於問後輩問題，要先拋開「對方會不會認為怎麼連這種問題都要問人」的念頭才行。提問只是為了得到好結果的必經過程而已。假如新人和資深同仁都因為擔心自己會被人如何評價而閉口不問的話，就會成為阻礙溝通的隔閡。

明明只要開口詢問就能簡單解決的事情，你卻因為堅持獨自找答案而比其他人動作慢的話，不妨試著想想自己

會在下一階段消耗多少能量，是否應該要再往前想一、兩步才對呢？說不定你會因為一件非常小、不足以構成煩惱的事情而浪費掉好幾天的時間也不一定。

路上遇見陌生人身上有著你喜歡的東西，大可直接詢問對方：「不好意思，請問這是在那裡買的？」畢竟被陌生人詢問身上背的包包是在哪裡買的，鮮少有人會反問：「為什麼要問這個問題？」大部分的人都會認為是自己的品味受到認可，所以會親切回答；假如不太清楚路線，也不要只相信網路地圖，可以嘗試問人。原本迷路徘徊一個多小時的地方，說不定十分鐘內即可到達。

不論好奇還是懷疑，都請不要猶豫，直接開口詢問。我們往往會對於初次嘗試的事情感到困難，可是只要試過一次就好，試完、看完對方的反應再繼續進行即可。凡事都是一回生二回熟。

✦ 不想獨自用餐的人

獨自一人
並非被人討厭的證據

　　第一胎懷孕八個月時，我行經市場，在一間糖餅店前停下腳步。黑糖餡在油炸到金黃酥脆的麵團間流淌而出，簡直完美融合；當我看到的瞬間，唾液自動分泌，整個人像靈魂被吸住似地離不開那間糖餅店。畢竟是我從小最愛的點心，更何況還有孕在身，可想而知會多麼貪嘴想吃。

　　然而，我卻沒有獨自購買一份糖餅的勇氣，要是身邊有人陪同還好，我總覺得在人來人往的街道上，似乎不該出現獨自吃點心的行為。不過，最終也不知道是不是食慾戰勝了羞澀，促使我把手伸向糖餅，總之我也沒有在意他人的眼光，連忙接過一份糖餅，開始獨自享用。我當時心想，反正是一名大腹便便的孕婦在吃東西，應該不會有人

覺得我奇怪，於是站在路邊，一個人吃得津津有味。

可是我依然擔心會不會被人注視，所以每咬一口都會偷偷觀察周遭，結果唯有販售糖餅的老闆用擔心的眼神看著我，似乎是擔心我吃太急，舌頭容易被黑糖燙到，其他行人則是直接與我擦肩而過，根本沒發現我站在路邊。原本害怕獨自一人的我，那天是我有史以來，第一次自己在路邊吃完一份小吃。

「嗯？這份沒來由的自豪感是什麼呢？」

雖然各位可能會認為，區區一份糖餅是有什麼好值得說嘴的，但那瞬間，的確打破了過去一直活在他人眼光裡的我。至今依然是以一幕強烈的畫面烙印在我腦海裡，雖然不自在但很新鮮、很陌生卻經常想像的畫面。

順帶一提，我還想起某次挑戰「獨自看電影」，於是買了一本書坐在電影院裡的記憶，從我徹底想不起來究竟看了什麼電影來看，應該是一心只希望那場電影可以趕快結束。四十世代，迎接人生頂點的大人，正在面對內心尚未長大的小孩。我嘗試「獨自一人」，也確認到其實根本沒什麼。

光是這樣便足矣，因為我發現，並不是自己做不到，而是沒那麼愉快，所以才沒有安排太多一個人的時間。我發現自己在人群間分享愛、分享歡笑時尤其幸福，也了解到獨自一人不論做任何事都不會有問題；除此之外，也領悟到原來偶爾還是需要一些屬於自己的時間。

　　和我一樣不喜歡「獨自一人」的人其實比想像中還要多，尤其女性更是害怕獨自一人。難道是因為從小就習慣去上廁所也要和朋友手牽手去的文化所導致嗎？儘管長大成人，也不敢貿然獨自走進餐廳裡用餐，會寧願選擇去便利商店買三角飯糰來吃，一方面是想簡單解決，另一方面是對於獨自一人占用餐廳裡的一張座位會倍感壓力。或者，會不會是因為經歷了家人、學校、職場等集體生活，認為「獨自一人」就等於是邊緣人或者遭人厭惡？那些被視為容易倚老賣老的老一代人，尤其很難接受獨自一人。

　　從五十世代愈往二十世代走，對於獨自一人的接納度也愈自然。比方說，鮮少有五十世代的女性一個人走進餐廳裡用餐，但是當今二十世代的女性反而鮮少會和好幾個

人一同用餐。假如考量到愈是先進國家愈尊重個人的社會氛圍，韓國說不定也是因為逐漸屬於先進國家，所以才會有愈來愈多人能接納一個人從事的各項行為。

另外有一點想要補充的是，最好不要問小朋友「你為什麼自己一個人？朋友呢？」諸如此類的問題，這是我們小時候很常被問的問題，容易給人壓迫感，好像一定要與人一起、不能落單的感覺。

突然被問「你為什麼自己一個人？」小孩的腦海中會不自覺產生不能一個人的念頭，進而形成這樣的觀念。當一個人從小就認為「原來不能獨自一人」，那麼日後遇到一個人的情況時，就會很容易聯想成「原來我被討厭了」，但明明很可能不是因為自己被人討厭。

我們不需要因為獨自一人而感覺好像自己沒朋友、擔心自己看起來像社會生活適應不良者。獨自一人時，反而容易使我們深思熟慮、做出正確判斷，讓多人聚在一起時不能擁有的個人想法有機會發展延伸，因此，我們應當不停地練習獨處才對。

我從自己吃一份糖餅會猶豫不決的人，變成了隨時隨地都能獨自探索美食之人，而要是沒有經歷過初次嘗試，則永遠不可能體會這份自由。

　　無為必將無穫。

　　這是愛因斯坦說過的名言，空氣動起來可以變成颱風，颱風所帶來的降雨也可以轉換成能量。因此，不論如何都要為自己做點事情才行，而且要持續做，做久了以後就會愈漸熟悉，過一段時間則會變成簡單、沒什麼大不了的事情。

✦ 　　　　　　　　無法主動向人問好的人

打招呼是

世界上最困難的事情

　　電梯固然方便，卻也有一項不便之處──和別人一起搭乘時，會感受到令人窒息的尷尬。向人問好之後會因為沒有其他話要說，而感到一陣尷尬，可是不主動問好似乎又說不過去，畢竟不是素未謀面的陌生人。最後就會出現彆彆扭扭的樣子，然後希望對方先假裝不認識我，這樣的話在我猶豫該不該問好時，就可以按照對方選擇將頭撇過去還是認出我來決定要不要主動打招呼。在那一瞬間，各式各樣的念頭會掠過腦海：我會不會被認為是沒禮貌的人？我可以先主動認出對方嗎？還是不論對方反應如何，我都應該先向他問好呢？啊，早知道就先向他打招呼了。

　　電視節目《SBS Special》曾做過一項有趣實驗，觀察

陌生人主動問好與否時會發生什麼事情。他們將受試者分成兩組，每組各十二人，並安排了一名提著物品的陌生人站在電梯前，面對 A 組人要主動問好，而面對 B 組人則是不主動問好。接下來便觀察實驗者不小心將物品散落一地時，兩組受試者的反應為何。

有和實驗者互相問好的 A 組十二人當中，有九人，也就是 75％的人有協助實驗者整理散落一地的物品，而沒有互相問好的 B 組十二人當中，只有三人，也就是 25％的人願意出手相救，一同整理散落物。

由此可見，打招呼的威力是不容小覷的。只要打過招呼，儘管對方是陌生人，仍會有一種熟悉感。雖然我們都知道這是人與人間最基本的禮貌，但是在陌生關係裡，依然不容易執行。實際上，許多人會因為打招呼這件事而遭遇尷尬誤會。

有一次，我和旅居美國多年難得回韓國的後輩見面。我們一起共乘電梯，按下要去的樓層數字以後，後輩突然轉身向一旁的陌生人主動搭話。

「今天的天氣好好喔！難得回來韓國好開心。這附近

有推薦的美食店家嗎？」

　　由於他向人搭話的方式實在太自然，一瞬間還以為是在對我說話，我看著他神情自若地向陌生人問好，並詢問自己好奇的事情，那模樣既自然又陌生。據說外國人在韓國生活感受到的最大差異當中，有一項便是問好；在西方國家，即便走在路上與陌生人四目相交，也會與對方簡單打個招呼再擦肩而過。

　　我們之所以無法自然問候彼此，會不會是因為先擅自猜測對方的反應所致呢？抑或是擔心萬一主動打招呼之後，對方假裝不認識我也怪尷尬的。可是明明每個人的性格和表達方式都不盡相同，根本不必對別人的反應過度敏感，我們卻仍會用自己的方式去預測設限。

　　除此之外，我想到的另一個理由也許是因為我們從小就被教育輩分低的要先主動向輩分高的人問好的緣故；服完兵役的男性也曾表示，主動向人問好會有一種自己是對方下屬的感覺，更何況我們從小就聽聞太多「見到長輩要打招呼」的叮嚀。

　　其實問好也要看時機，一旦猶豫就很難重新再找到時

機。什麼時候是絕佳時機呢？就是與對方四目相交的時候。對到眼睛時，即便不主動開口搭話，也可以微微頷首示意，只要抓緊時機，先問好就變得不再是一件困難事。

我們以為，向陌生人打了招呼以後會惹麻煩。

「你認識那個人嗎？」

「不認識，但是有打過幾次照面。」

從今以後，嘗試向那些打過照面的人問聲好吧，畢竟對方也對你有印象，率先問好應該也沒什麼問題吧？第一次說不定對方會裝作不認識，但第二次再遇見時又主動問好，對方一定會展現不知所措的反應，等到第三次主動打招呼時，對方很可能就會有所回應，這時就可以輕鬆地向對方說：「我們明明經常遇見，卻是第一次打招呼吧？」

即便遇見難以相處的人，也毋須認為早知道就不該主動向對方問好，也就是不必認為「我都已經主動打招呼了，他怎麼是這種反應，哼！」頂多暗自心想「看來是個帶刺的玫瑰」即可，不用太放心上。

主動先向人問好並不代表就一定是優秀之人，不過愈

是在當今這樣的世界裡，擅於主動問好反而對自己愈有利。早上在辦公室茶水間的咖啡機前，何必只沖自己的咖啡就匆匆離開呢？不妨與人聊聊天氣、昨日觀賞的 Netflix 影集等，因為在你只拿自己的咖啡離開現場之際，說不定其他人早已交換了社內重要情報，率先主動問好絕對會為自己帶來好處。問好是一項簡單又很棒的禮儀工具，因為會讓不認識的人變成認識的人。

✦   難以做決定的人

最好的決定是需要時間的

　　網路購物容易使人在不知不覺間成癮，畢竟不必親自跑一趟實體店面，直接靠動動手指頭點選，就能做到價格比較，還能看見其他人的品味喜好。有時，我對於演算法感到可怕，明明只點選過一次而已，卻會過分親切甚至有點像跟蹤狂一樣，每次只要打開手機就會主動推薦類似產品給我。

　　有些人光是要添購一張新椅子，就需要蒐集資料超過一個月。

　　「哎唷，就隨便買一張吧，又不是要用一輩子。」

　　就算被同事調侃，也依然認真思考做比較。

　　椅子是只要買一次就會用很多年的產品，價格範圍很

廣，但因為設計感大同小異，所以更容易使人陷入選擇障礙。究竟久坐會不會對腰產生負擔、是否符合書桌高低等，各種元素都要仔細考量一番，就會變得遲遲無法做決定，老是想尋找是否會有更好的產品。

光是一張椅子就如此大費周章了，更何況是筆記型電腦或家電用品，又會令人多麼苦惱。選定好要購買的產品以後，一定會徹夜瀏覽各大網站，找出便宜十元也好的賣家。說不定就連準備考大學的學生在考慮要選學校名氣還是未來發展性、是否符合自己的性格等，都沒如此慎重。但是沒有關係，因為這不是做不了決定，而是想要做出最完美的選擇。

那個人說不定不是怕吃虧，而是害怕自己犯錯所以感到膽怯，平時可能就是屬於容易擔心自己的選擇會招來不好結果的人。因為不想被人說愚蠢，也希望自己可以做出最好的選擇，不對周圍的人產生任何影響，所以才會不敢貿然做選擇。

這種人在學校或職場上最常聽見的形容便是「很悶」，想很多又慢吞吞，但是從不失誤。這種人會審慎評

估每一種情況，為了精準判斷而計算又計算，事先在腦海中預演過好多遍才開始執行。假如接到任務，就會先從阻礙成功的因素開始找起，所以有時也很容易被誤以為是悲觀主義者。

在孩子們之間亦可發現帶有這種性格傾向的人，只要準備開始讀書就會先把書桌整理乾淨，將課本整齊擺放，順便再準備一杯飲料，直到媽媽大喊：「到底什麼時候才要讀書！」不斷做好事前準備的那種孩子。假如各位也有這種子女、外甥、姪兒，這可不是什麼需要擔心難過或指責的事情，那只是天生性格使然罷了。謹慎仔細、系統化的孩子，說不定會將這種特質發展成才能，有朝一日，成為網頁開發專家也不一定，所以毋須妄下負面定論。

問題始於觀看事件的角度。所以假如光是買一個小東西都需要花太多時間、難以做決定的人，那就不妨看作是擁有一項不錯的特質，轉換你的觀點，他只是儘管占用到一些時間也想要做出完美決定的人。

在實際工作處理上，擁有計畫性與準確性的人說不定是具備了身為參謀者的優良特質，儘管作決定緩慢的特質

對於身為領導者來說並不加分，但如果是協助領導人作決定的實務角色，那就是再適合不過的人選。

　　會事先進行無數次模擬演練，預防所有可能會發生的情況，把各種資訊都彙整好告知分享的人，對於領導者來說是多麼不可或缺的人才，尤其在現如今人人都想當領導者的時代，更是絕對必要的存在。仔細觀察企劃者、研發者、研究員等人，就會發現他們都是屬於懂得深入探究細節的人。

　　雖然看在他人眼裡，慎重做選擇可能會顯得不夠乾脆，但是對於當事者來說，是為了做出正確決定的必經過程。因此，假如你就是這種人，不妨從那些口口聲聲說著總比不注意、少根筋好，卻又認為你很悶的雙重標準之人找回自由；若要如此，就得先對自己有絕對的信任才行。

　　對於過分慎重做決定的人，我們不會說他有氣場，但是從謹慎中做出穩重的決定，就很容易被人說有氣場。其實只要有自我信任、信賴作為基底，就會自然流露出所謂的氣場。

✦　　　　　　　　　　　　　　不會據理力爭的人

不吵架也沒關係

「你說我有用這支電話號碼？」

「是的，您從二〇一五年開始一直都是使用 010-1234-4568。」

「不是吧，我的電話明明就是 010-1234-4567，怎麼可能用 4568 好幾年？這可是我第一次聽到的電話號碼呢。」

「請問您在二〇一五年有購買新手機嗎？我猜應該是通訊行以新開通作為條件選用了這支號碼，假如您有保留當時的合約，我們就可以協助確認。」

竟然需要多年前的手機購買合約，K 突然想起了遺忘已久的記憶。若要用相對優惠的價格購買手機，就需要重新加入一支號碼，才能使用優惠，所以在維持既有電話號碼的同時，也重新加了一支新號碼，等綁約結束再解除即

可，結果可能是因為只需支付基本電話費幾千韓元，所以徹底忘了有這件事。電話費一直都是從信用卡自動扣除，而消費明細上也只會顯示電話費和合計費用，詳細內容需要登入通信社應用程式才有辦法確認，但是因為 K 嫌麻煩，所以遲遲沒有確認，結果發生了這樣的事情。

「那我至今為 4568 號付的電話費總共是多少？」

「共 108 萬 2560 韓元。」

這筆費用根本可以買一支新手機了。瞬間，他飽受打擊，嚇到說不出話來。從未使用過的電話號碼竟花了超過一百萬韓元，簡直是將錢直接扔進海裡。

那天傍晚，K 選擇坦白告訴妻子發生了這件事，妻子聽完氣得直跳腳。

「這像話嗎？怎麼可能會有這種事！你應該向客服專員詢問這組號碼從未使用過卻仍付了這些錢，是否有具體解決方法才對吧。至少調得出來通話紀錄啊，要消費者支付一通電話都沒撥出過的手機電話費實在不合理，我猜一定有其他人也有遇到同樣的問題，通訊行絕對會有處理這種問題的應對守則，明天記得再打電話去爭論，就算吵架

也要拿回至少一半的錢，那筆錢都可以用來充當我們的一個月餐費還綽綽有餘欸！」

面對做事情總是一板一眼的妻子一連串的叨念，他不想回應什麼所以乾脆閉口不語。K 明天再重新打電話給通訊行據理力爭的機率並不大。在他看來，沒有仔細確認並且任由時間流逝都是自己的問題；忘記當初整件事情的來龍去脈也是自己；所以不應該致電給通訊行與客服專員展開爭執。畢竟客服專員有什麼罪呢，要面對一名前來索討付了好幾年電話費的客人，他完全可以理解客服專員的立場會多麼為難。

妻子一定會確認究竟有沒有重新撥電話過去，他則會選擇含糊帶過，大略示意不能退費，然後避開唇槍舌戰。對他來說，要與人透過爭吵取得想爭取的事物是非常困難的事情，真要與人吵架，會不曉得該從何說起，也會認為何必為了那種事情而吵架。他是那種假如遇到餐廳老闆出錯餐點，即便老闆主動說要幫忙更換，也會說沒關係而直接吃的那種人。

難道是因為嫌麻煩所以不想與人爭吵嗎？還是在逃避

呢？雖說現代社會是會吵的人才有糖吃，但也不會因為不吵而成為缺點，他只是個非常討厭雜音的和平主義者而已，認為自己吃點虧無所謂，怎麼可能凡事都要追究到底。

他絕非沒有自我主張，而是因為天生性格使然，總是想要做出自己和他人都能感到舒服的選擇，他不只討厭與人衝突，還為了創造出更好的環境而甘願付出的那種類型。比方說，去餐廳用餐他會主動幫大家準備湯匙，用餐到一半發現小菜不夠也會主動幫大家向老闆要求續加，他是屬於這種性格的人。

在我看來，這種人應該是內建龐大類似母愛能量的那種人，會不會是因為包容力十足，所以就算自己吃點虧，也會想要幫助別人？不擅於吵架絕非缺點，反而是內心充滿了愛。

心中充滿愛的人沒有不滿也沒有委屈，因為代表對自己的行為有充分的根據和理由，儘管付出一切也不會感到吃虧。不擅於吵架的人絕對不是卑鄙或缺乏勇氣，而是沒有必要藉由吵架來取得自己想要的目的。

包括自己在內，假如周遭的人當中有人不擅吵架，請想像他心中的愛一定很豐沛。

最終仍會付錢的人

金錢和人際關係的基本
都在於循環

站在餐廳櫃檯前的人大致分兩種：一種是為了爭相結帳而引發可愛小騷動的人，另一種則是以 n 分之一精準計算要付多少的人。

然而，會令我們感到尷尬的情形往往是因為沒有事先說好這頓飯誰付，所以在互相觀察。像這種時候，總會有個人出面擺平結帳，不論是誘導大家各付各的，抑或自願請大家吃飯，總之這種人都會是固定那一兩個人。

而這也表示，最終結帳者另有他人，但我會用「最終」是有理由的。因為不論是基於被動還是積極付錢，總之都是指那些有強烈意志要擺脫尷尬情況的人，他們不僅自己不喜歡這種局面，更討厭讓別人感受到這種不自在，所以

會傾向自己先站出來。這種人不只是在付飯錢的時候，就連分配工作時或者計算損益時，都會最先以「我們」的概念來包容接納自己的犧牲。

被請客的人可能會遺忘，但是付錢的人永遠都會記得。假如你認為上述情形符合自己，那麼，你很可能就是每次付錢的那個人。雖然多少一定會感到有些委屈，但是也不必這樣去想，因為最終都還是會有所得。

究竟為什麼會老是忍不住先掏出錢包呢？

第一，因為深信「只要犧牲小我，就能讓所有人都舒適」。他們天生喜歡人，很少評論、批判他人。許多人只要有煩惱就會找這種人，而只要找他們傾訴，就像是置身在竹林裡，可以放心敞開心扉，安心說出心底話。所以對朋友來說，這種人無疑是值得感謝的好夥伴。由於不是屬於會斤斤計較的類型，所以會自行承擔來讓周遭和樂融融。只要適當做好心理調節，這樣做所帶來的幸福感一樣很高，因此仍甘之如飴。

第二，很希望自己是好人。這種人不會想要在結帳時展現自己在假裝確認手機訊息的小氣模樣，在涉及「金

錢」這項敏感問題時，也想要讓自己看起來是意志堅定的人。他們知道自己是有容乃大可以解決許多問題的人，也是有足夠底氣能承擔的人。他們的頭腦非常聰明，喜歡與人聚集在一起行動，往往展現出領導者的風範。

然而，假如是這種經常掏錢包的人，就需要注意金錢交易。朋友急需借錢的話，頂多只能借給對方不足以影響自身生活的金額，因為借錢的人有很高機率不會還錢。他們知道你在金錢方面多想要讓自己看起來不受影響，所以假如要還的金額很高，就算不是刻意，也會把你這筆錢延到最後面才還。屆時，你就會變成容易被人出賣的人。

這種人也很容易被推銷。假如有人推薦購買非常昂貴的東西，一開始通常都會因為感到有負擔而拒絕，頂多附和幾句而已；但是當對方再推薦價格稍微低一點的東西，就會變得難以拒絕，只好買下來。也就是說，為了消除掉拒絕過對方的愧疚感而選擇接納。

資本主義社會是以施與受作為基本規則運轉。施與受的關係，雖然就是既然得到就理所當然要給予的意思，但是換個角度想，也意味著不能只有給予。

假如你是每次付錢的那一方，不妨放下對人的執著，嘗試將這份機會轉移給其他人。人際關係其實也像血管一樣，要有良好的循環才會健康。彼此要能達到有來有往的相互循環，才可以維持長遠穩定的關係。

✦   # 不會整頓打理的人

念舊是有理由的回憶表現

生活在公寓裡，會發現明明都是相同的坪數和結構，有些住戶卻能夠把家整理得很好，不禁讓人羨慕，他們會像整理達人一樣，將容易亂糟糟的餐桌或鞋櫃整理得井然有序。

有些人的家從一進門就呈現亂七八糟的樣子，玄關處會先有幾雙鞋子凌亂擺放，沙發旁延伸出長長的充電線，杯子裡還有著喝剩的咖啡，花瓶裡則插著早已乾枯、忘記何時帶回來的花朵。

雖然各位可能會認為是因為懶惰，但其實並不全然是因為這個理由，而是對於那個人來說，該物品有擺放在該處的理由。

在公司也是，每天使用的辦公桌，有人的桌面是堆積

如山的資料文件，有人的桌面則只有擺放幾支筆、便條紙和一台電腦。

為什麼會這樣呢？為什麼有些人就是會一直囤積堆疊，都不捨得整理丟掉呢？雖然是被主管退回的企劃案，但感覺總有一天會用到；雖然一年只會打開一兩次，但感覺還是會需要用到的小型加濕機；因為可愛而購買，實際上卻鮮少使用的馬克杯等……，這些東西之所以無法整理，其實都因為背後有著自己的故事。

以高級生活組織者（Senior Life Organizer）活躍於業界的金敏周理事，曾在一段雜誌訪談中提及：

「就只是丟不掉而已。」

她表示最令她印象深刻的個案，是一名生活在高級公寓裡的獨居奶奶；多年來，她都沒有好好清理打掃家裡，和子女們也幾乎沒有往來。雖然有取得奶奶的同意再進行大掃除，但是結束後奶奶非常生氣，明明只是扔掉一些任誰看了都認為該丟的東西，奶奶卻一個一個都記得，非要重新找回來不可，因為對於奶奶來說，那些都是和日漸疏離的子女有關的物品，充滿無比珍貴回憶。根據金敏周理

事的診斷，她認為是「難以承受物品被丟棄，會有極大的失去感」。

回憶難道不是留在記憶裡就足夠了嗎？我閱讀那篇報導後，不禁心想，看來隨著年紀愈大，就連回憶都需要練習整理。比起整理物品更困難的，也許是整理心理。

不是只有年紀大的人如此，對於物品的念舊任誰都有，但較為感性的人尤其不捨得丟棄物品，每當要丟掉時就會想起這個東西是因為這樣、那個東西是因為那樣等各種理由而不捨得丟。

G是我的周遭友人，被大家公認為整理達人，光是打包搬家，行李就已經整理了三個月，每天凌晨都會將原本堆積好要丟棄的物品重新拆封撿回，不超過一天又會重新裝進垃圾箱裡，然後又再次取回；她的日常就是不斷重覆這項行為，統統都是一些不忍心扔至住家外的物品，諸如三年前使用的放大鏡、如今已經不被任何人使用的四方形扁體便當盒等。這絕非因為念舊或執著，而是因為每樣物品都有它的故事，然後再整天苦惱著「要將那些東西統統丟掉才行」。

不丟掉就無法整理。打開衣櫥一定會看見一整年沒拿出來穿過的衣服，抽屜櫃裡也會有十年前買的筆，如今連筆蓋都已經打不開，出國旅行買回來的明信片或紀念品也堆疊成山。

　　我們光從新興行業「整理收納專家」來看，便可知道打掃整理絕對能使我們的生活變得整潔有效率；然而，也不需要因為自己不擅長整理而認為是習慣不好或自責，因為通常都不是不擅長，更大原因是不想做，也就是即便亂七八糟也不認為凌亂無章，甚至覺得無所謂、沒有什麼不好，所以根本不在乎。

　　有些人還會在這種自由奔放的環境裡培養出非凡的藝術氣息，因此，千萬不要對於自己不擅長整理而感到有壓力。假如有人因為這件事而叨念你，不妨回答對方：

　　「我覺得自己很像白南準[1]啊！」

---

1 譯註：韓裔美國藝術家，他運用多種不同媒介，被認為是影像藝術的開創者。
　資料來源：白南準 - 維基百科，自由的百科全書 (wikipedia.org)

延遲做決定的人

✦

只要能做出

讓自己滿意的選擇即可

我們從午餐要吃什麼，到紀念日要買什麼禮物等，總是會面臨某些需要做選擇的時刻，而每當這種時候都會為了想要做出最好選擇而苦心思考。

光從專為難以抉擇要吃炸醬麵還是炒馬麵的人所創造的「炸炒麵」來看，便可得知許多人真的有選擇障礙。

有個詞叫「哈姆雷特症候群」，用來形容難以做決定、猶豫不決的人。這個詞源自莎士比亞的悲劇《哈姆雷特》，意指因為被動的生活習慣或過度氾濫的資訊，導致在做抉擇時感到困難的症狀。

假如從網路上流傳的「哈姆雷特症候群自我測試」來看，其實並不是多麼令人擔心的症狀，就只是難以決定要吃什麼、不曉得該買哪些物品，所以需要朋友的建議，或

者就連雞毛蒜皮小事也因為難做決定而在社群平台上請大家幫忙投票等。精神科醫師普遍認為，是因為資訊過剩而導致的症狀。

C因為同事A而承受著不為人知的壓力。

「我本來就比較不擅於做選擇，你能否自行決定好，等事後再告訴我要付多少錢就好？」

C和A決定要為一起工作的同梯夥伴準備一份小小的離職禮物。A表示自己因為有選擇障礙，所以叫C自行看著辦，買什麼禮物都可以；前陣子公司的中午聚餐也是因為同樣理由而由C預約餐廳。雖然這些都不屬於正式工作內容範疇，但是每次只要有需要彙整所有人的意見做決定或選擇時，便會因為C是部門老么而事情落到他頭上。於是不知不覺間，C就成了負責幫大家張羅這些瑣事的人。

面對每次用這種方式開溜的A，C有好幾次都想要挑明著說，但是因為擔心會發生口角而選擇作罷，心想只要犧牲自己，就能讓所有人方便。

「怎麼會買到這麼正合我意的絲巾！太喜歡了，謝謝你們！」

收到禮物的同事似乎非常滿意這份禮物，頻頻向大家道謝。

「幸好你喜歡。」

聽聞 A 這麼一說，C 突然感到心裡很不是滋味。

「幸好？你明明什麼事也沒做，只有我點網拍，點到手指快斷掉，難道就不能說是多虧我的幫忙嗎？」

C 認為 A 非常討厭，但 A 就只是真的發自內心感到慶幸，因為 A 是每次只要上網買衣服就會心想，「都沒試穿過就買，萬一不適合怎麼辦？要是顏色和螢幕顯示得不同該如何是好？」於是索性直接買兩件，並做好很可能有一件需要退換貨的心理準備。

首先對於 A 來說，他的內心深處是否定自我的，認為只要是自己做的選擇就會難以滿足眾人期待。因此，在他身上並不會發生需要做重大決定的事件，他是個無法獨挑大梁決定大事的人。挑選禮物或中午吃什麼等瑣碎小

事，都是會使他感到做決定困難的事情。明明很會體恤他人，卻因內在的自我否定——自認做不出明智判斷——而一直將小事委由他人處理。

更何況他連作夢都想不到，自己這樣的面貌究竟會對他人帶來何種影響。只要我選擇讓步、犧牲，就能維持和平狀態，所以不需要我做決定，我只要接納包容即可，大致是這樣的立場；換言之，並非將兩種選擇拿來做比較，而是直接將衝突因素消除。

C 和 A 這樣的關係在兄弟姊妹間、公司職員間、朋友間也經常可見。假如 C 稍微了解 A 的想法，兩人說不定還能相處融洽；但是假如一點也不理解 A 的性格，就很容易發展成再也不相往來的關係。

A 對於能夠快速做決定、訂購物品、落實執行的人感到神奇。我也曾是同樣不論困難與否，都會將所有決定推給旁人，欣然接受結果的人，甚至為了改掉這種習慣，還模仿過不假思索先做再說的那種人。我害怕做決定後所帶來的後果，所以試著以那些能快速決斷並果斷執行的人為標竿，儘管結果不盡理想，但絕對是自我反省的機會。

當時是一些「小鼓勵」拯救了我。「是啊、很棒、果然」等……，這些小鼓勵促使我自己做選擇，不再將選擇權交給別人。就算我選的美食店家或禮物不合其他人的意也無所謂，反正又不會對他人的人生造成致命的打擊。

　　假如害怕做選擇，記得要立刻停止以下幾種想法。第一，錯以為自己要掌握所有資訊，拓展自己的選擇範圍。我認為好吃的泡菜鍋專賣店可能不是最好吃的，朋友可能知道更多美食店家，但這可以成為讓朋友做選擇的理由嗎？明明只要在自己知道的資訊內做出能做的最佳選擇即可，要是朋友認為不好吃，下次別去就好了，不是嗎？

　　第二，停止繼續針對自己所做的選擇進行分析，一旦做了選擇，下一步驟就該是執行，但往往會停留在選擇階段分析又分析。味道如何、價格是否合理、是不是普羅大眾都會喜歡的餐點等，要立刻停止像這樣分析的念頭。只要去執行就結束的事情，老是光想不做，就很容易因為失去自信而迅速將選擇權交給他人。

　　當這樣的情形反覆上演，權限就會回到總是做選擇的

人。我們從發言權較為強烈的人身上可見，那種人一定是擁有豐富的艱難時刻藉由做選擇來突破難關的經驗。

儘管沒有把握，也不會執著於結果，更不會將選擇權交給其他人。我們鮮少會遇到由自己做選擇、但是結果由所有人一同承擔的機會。因此，不要害怕做選擇。

假如連小事自己都無法做決定，那麼，人生當中真正的重大選擇又要推給誰來決定？雖然推給別人做選擇是個人的自由，但這是你的人生，絕對不是別人的人生。假如滿足不了所有人，那就至少先做個能滿足自己的選擇吧。

✦ 容易先做再說的人

毅然決然先做再說的勇氣
正是執行力

曾經有某位諧星在尚未取得駕照的情況下就先買了一台進口車，這件事情被他妹妹在談話性節目中說了出來，導致有一段時期，當事人被冠上了思慮欠佳的形象。因為他沒有駕照，所以不能開車，據說是一直停放在家中，最終還是賣掉了。問他當初為什麼要買車，他表示是因為當時在諧星界掀起一股購買進口車的熱潮，自己也只是純粹想擁有一台進口車。他用諧星的幽默感，機智地將這件事情昇華成笑點，但是和他一樣欣然接受自己犯的傻，並以自嘲方式來面對處理的人並不多。

重機愛好者當中也有這種人。衝動訂購三、四千萬韓元的重機，但根本不具備可以立刻騎上路的實力，只要想

擁有，就不論自己有無駕照、身材體型符不符合等，都先買再說。這對理性人來說，會認為是不該發生的事情。

「拜託你動點腦過生活。」這種人自然會經常聽聞別人如此勸說，儘管聽過無數次「先停一下再去做」的忠告，也還是要立刻去做當下想做的事情才甘願。其他人看到會認為「天啊～」的事情，對於他們來說，也很容易決定、行動。

旅行時也是，沒有所謂的計畫。

「我想看海。」

朋友也許只是一時興起隨口說說的一句話，這種人卻會立刻說「走吧！」然後起身行動。不會去思考是和誰一起去、晚上要住哪裡、去一趟回來會有多少事情沒完成等，而是直接把自己投身在說出口的那一瞬間；因此，就算目的地是設定在襄陽，最後也會從加平的某處回來。

和他們相處會很有趣。他們是結束一天的工作後，和朋友們相聚在一起，吃個炸雞配啤酒就能馬上消除壓力的那種類型。他們絕對不會把職場上令人頭痛的問題帶到公司以外的地方，會認為下班直接回家是損失，所以不停尋

找有什麼有趣好玩的事情可以做。假日的時候比起待在家裡休息，會不斷找尋出門的理由。

也就是一般所謂愛朋友、急性子、隨興的那種人；喜歡和朋友玩樂在一起，沒朋友就彷彿人生失敗一樣，熱愛與人相處，天生性格就不是會察言觀色或體恤他人的那種人。遇到問題不會想著如何解決，而是先睡一覺醒來再說。

他們屬於只要此時此刻感受得到幸福，世界就會變美麗的類型。雖然容易做決定、付諸行動，但是只要察覺苗頭不對，就會立刻掉頭，過著沒有後悔的人生。

有些地方也的確需要這種性格的人。在世界最大網路購物平台——亞馬遜（Amazon）購物網，會將不願嘗試做任何事的乖乖牌視為最糟糕的員工，也就是說只是被動地做完交辦任務還不夠。在這間公司裡，就算是實習生或臨時工，都會被鼓勵多提出一些新點子。挑戰精神的代名詞——創業精神，不是靠誰培養，而是從內在的冒險之心萌芽開始。

雖然用常理來看，那些不懂得瞻前顧後、衝動行事之

人，會令人忍不住發出嘆息；但是如果從正面角度去看，這種人就是個創意銀行，他們的優點是既有效率又有良好的推進力，不僅做決定迅速，也很會推動事情，善臨機應變，所以就算遇到問題也很會解決。

有些工作崗位正好適合有勇無謀的人，而有些職位則適合理性、一板一眼的人。

德國代表詩人弗里德里希・荷爾德林（Friedrich Holderlin）曾說：「拋開想法，放鬆內心，就容易幸福。」或許擁有先做再說的勇氣之人，才是現代社會最受恩典的人。

✦ 容易墜入情網的人

　　有些人的戀愛空白期非常短，每一段戀情都銜接得很緊。像我就有認識一名後輩，明明不久前才剛介紹自己的女朋友給大家認識，一個月後又帶了另一名女生出現。

　　儘管大家都給予忠告，上一段戀情都還沒整理好怎麼能馬上和新對象曖昧，認為這不是做人的道理。但也只換得昨日已逝的愛情一去不復返的回答，尤其和戀人關係不好時，只要有人入了他的眼，就會毫不猶豫立刻分手、開啟下一段新戀情，也就是所謂換乘戀愛達人。

　　反正分手後就是陌生人了，自己也會專注投入在下一段戀愛當中，有什麼關係。更何況就是要靠著新戀情才有

辦法快速治癒分手的傷痛等，展開一連串似是而非的歪理。假如免不了都會分手，那就會想要將分手的傷痛降至最低，並且盡量讓空窗期不要太長。

換乘戀愛者往往允許自己這麼做，但是當自己遭受對方如此對待時，才會反省自我。都說真正的分手不是在分手的那一瞬間，而是實際感受到分手的那個當下。明明只是忠於情感而已，卻在事後才領悟到原來自己比任何人都還容易分手。

「前輩，我前陣子分手的那個女生啊，她的 Instagram 突然刊登了某個男生的照片，這次似乎是我被換乘了，為什麼感覺這麼糟呢？我好像真的對過去交往的那些女生做了不該做的事。」

就連從地鐵轉搭公車都需要走一段路才能換乘了，更何況是人與人分手後又再認識新對象展開交往，豈是那麼輕而易舉的事情，尤其還用「換乘」來形容，真的合適嗎？

「應該只是因為好奇心比較旺盛的關係吧？我看你還

是盡情玩過再結婚比較好，還是你對於過去的情場浪子生活感到後悔了？」

「後悔什麼啦，就只是感覺有點怪怪的，這是我第一次動了該停止談戀愛的念頭。」

我想藉由此頁給後輩這種反覆上演瞬間墜入情網又分手的人一些建言。

「把目標設定得高一點。」

我是真心認為這位後輩富含好奇心、精力充沛。他是因為不曉得該如何將自己的精力放在什麼地方，所以才會老是去搭訕人、被分手、提分手；並非從一開始就設定自己要腳踏多條船、隨時準備換乘。

而且不只戀愛，對工作感到厭倦的機率也很高。這種人需要謹記在心的是，自己一定要比其他人更努力，才有機會得到好結果。雖然多方嘗試享受也不錯，但是一旦把目標設定得高一點，想要達成的慾望也會增強，對於結果的期待值也會變高。只要多謹慎留心，就能產出令人驚豔的好點子，所以也很容易在需要對流行趨勢敏銳的事業取

得成功。

　　能夠快速進入一段戀情其實也表示是充分有魅力的人，因為就算想成為換乘戀愛達人，也要有對象願意接納才行。正因為基本上是容易讓人有好感的類型，所以比誰都還要有高機率能同時在愛情與事業上成功。

　　不是都說這個社會未來會逐漸脫離製造業，轉向成為服務業高度化的社會嗎？沒有什麼資本是比魅力資本還要珍貴的，稍微將目標設定得高一點，好好管理自身魅力，還有什麼樣的人生會比這更有趣呢？

✦　　　　對別人好卻又被罵的人

　　向他人傾訴自身故事，意味著信任對方。交談與傾訴儼然是不同的概念，也就是並非不經意說出口，而是下定決心後願意傾訴；假如感覺到是傾訴，就要多加注意，因為就算沒有特別表示「這是祕密」，也是近似於突如其來的表白。

　　當對方向我傾訴時，是基於對我的信任，而站在聽者的立場，則是因為想要幫助對方所以願意聆聽，因此，當只有兩個人的時候是不會產生任何問題的。然而，祕密有時會伴隨氣氛洩露出去，不一定是聽者帶著惡意到處散布。他很可能是許多人的煩惱諮商師角色，當他不只聽一個人、而是很多人的故事時，就會發生出乎意外的事情。

尤其是很願意聆聽且朋友眾多的人，往往會無意間陷入困境，這種人大部分是扮演人脈裡的集線器角色，也是消息靈通之人。這種人會認為對方在眾多的人當中只找他傾訴，所以很感謝，表示對方認為他是如此值得信賴，因此，當有人找他時，他甚至還會將自己的事情先暫時擱置一旁，先安慰對方並同理對方的遭遇，直到某一瞬間，才會發現自己早已站在不願面對的事件中心。

　　被稱之為人脈通的 E 也屬於這種人。不論是在學校、社團或鄰居間，認識的人都很喜歡來找她，對她敞開心門，一起笑，一起哭；而 E 也一一同理那些人的感受、聆聽他們的故事。

　　「我竟然被說是像蝙蝠的女人。」

　　「什麼？為什麼？誰這樣說妳？」

　　「其實後輩們有起衝突，吵吵鬧鬧的，明明就只是一件小事，我兩邊的立場都有聽，對他們說你沒有錯、你也沒有錯，都沒說誰才是對的、誰才是錯的；但其中有一名後輩認為我沒有力挺她，說我一下靠攏那邊，一下靠攏這邊，所以就罵我是像蝙蝠一樣的女人。我實在太錯愕，連

她後面講了什麼都想不起來了。我真的對於她說的那句話感到好驚訝。雖然是後輩，但我把她當親妹妹一樣對待，每年都會幫她過生日，她遇到什麼事情我也都會聽她訴苦好幾個鐘頭；但是現在竟然說我是蝙蝠，我真不知道自己做錯了什麼。」

E平時就是個不排斥聆聽他人說故事的人，這次同樣聽了兩邊的故事、給予兩邊安慰。其實也沒有要當仲裁者角色，就只是親切地同理彼此的感受而已，卻仍惹得一邊不開心。難道是有憤怒調節障礙？為什麼會發生這種事？E其實只是聽了兩邊的故事而已。

她平時就是個交友廣闊的人，經常被人說善良、重感情；然而，這種人一定會被捲入情感糾紛當中。那些比較自私、獨善其身的人，反而比較不容易經歷小摩擦。

隨著人際關係愈廣闊，也愈容易狀況百出。雖然會認為自己表現得很好，卻不可能得到每個人的一百分。儘管如此，也依然像每個人的戀人一樣，想要盡可能做到善解人意，結果反而不曉得自己早已成為他人的情緒垃圾桶。

E之所以會被兩邊的朋友都討厭，是因為採取了接納

兩方說詞的曖昧不明態度；假如她有保持明確的自我見解，那麼或許就算聆聽完雙方的故事，也不至於遭受兩邊的批評謾罵。

這絕非因為 E 優柔寡斷，而是因為她比誰都還要擁有溫暖的心性，所以不幸。對她來說，取得人心實在太重要了，她一定是希望不要讓任何一方感情受傷，大家和樂融融。但是所有人都開心圓滿的結局只會出現在電影裡，真實生活故事的結局大部分都會傾向一方。

我相信任何人一定都有類似這種心受委屈的經驗。我們過去毫不懷疑地接受了「朋友多的人絕對是好人」這樣的設定，因為是想要說自己的故事卻找不到聆聽者的時代，所以朋友眾多，自然會被大家說是好人。既然每個人都想當主角，實際上所有人也都是主角，那麼就只要當成是自己的故事一樣專注聆聽，便很容易成為經常被人需要的人。

然而，當你在接受他人的情感、聆聽對方的苦水時，又該將自己擺在哪裡呢？當他人的心情正在排解淨化時，你的情感很可能在某一瞬間已變成受汙染的海水。

假如想要對自己和他人都是好人，就需要養成「純粹聆聽」的習慣。關於對話內容只要大略有個印象就好，反而要將對話當下的感覺好好收藏，畢竟朋友要的不是審判官角色，有時光是陪在身旁，一同感受內心滋味便足夠。

最需要先照顧好的人正是自己。自己要先有足夠的安穩與幸福，才會形成彼此都健康的良好關係。務必要時刻提醒自己：千萬不要過分體貼，在幫助他人排解情感的期間反而讓自己的情緒變糟糕。

假如不想要有「我對你好，你卻傷害我」的感覺，就要懂得分辨接納與包容。

接納與包容儼然是不一樣的概念。光是收到「一起」的感覺就是包容，而接納這個單字則包含著連行動都要一起的意思，同理完卻沒有一起行動的話自然會感到失望。

和兩邊都好的人也許只存在於童話故事裡。有明確的自身見解、簡單聆聽、珍貴收藏、健康溝通的關係，才是真正的友情關係。

✦   很難說不的人

　　被熟識的人拜託事情，我相信任誰都難以拒絕，反而
是借錢這種事還比較容易拒絕，因為只要自己沒那筆錢可
以借對方，就無法答應對方的請求。但有時候，我們很容
易受人請託，尤其是那種任誰看都會認為是芝麻般的小
事，結果因為自己不好意思拒絕反而連累到自己的行程。

　　經營幼兒園的 J，是三姊妹當中的老二，由於只有姊
妹，所以情況不允許家事統統只丟給一個人做。不久前，
母親因為腿受傷而住院，準備出院的時候不幸感染新冠肺
炎，於是母親開口拜託 J。

　　「因為我感染了新冠肺炎，所以被要求要直接回家進

行隔離，妳姊和妳妹都沒車，也都在上班，可否麻煩妳幫我辦理出院手續，然後再送我回家？」

畢竟是生病的母親開口拜託，怎麼可能拒絕。J雖然承諾會去接母親，但內心不免開始糾結。

「這是新冠肺炎，可不是普通的病，要是我在接送媽媽的過程中也被感染的話怎麼辦？我還有幼兒園的孩子們要顧，不好吧⋯⋯她明明也知道我有在經營幼兒園的啊⋯⋯。」

J因為有開車，所以經常負責處理家中瑣碎雜事，但是每次遇到這種情形都會覺得有點委屈，因為不只是姊姊和妹妹，甚至就連她自己，都會理所當然認為這些雜事是自己的事；可是這次她很想婉拒母親的請託，卻又認為再次向母親開口尋求諒解似乎很不應該，所以只好致電給姊姊，說明了這樣的情況。

「姊，假如我從事的是其他行業，這點小事真的不會對我有任何影響，但這次是因為擔心幼兒園的小朋友們，所以真的很難去接媽媽出院，妳有辦法代替我向媽媽說一聲嗎？」

聽聞此事的姊姊立刻回答：

「哎唷！如果是因為這種理由，當然就交給我處理啊！我下班後就去接她，妳當時應該直接跟媽媽說的。」

亂了陣腳就是指這種情形，明明有自己的苦衷，卻說不出口，先接受再說，然後才正視到自己的難處。對於 J 來說，姊姊的這番話聽起來像在責備。

當下把話說清楚就能輕鬆解決的事情，卻沒能一口回絕，就會形成彷彿該幫忙卻不幫忙的氛圍；尤其是延後見面、移動或者搬東西等這些小請託，其實並不會難以幫忙，但總是會有實在辦不到的時候。

平時都很樂於幫忙、不擅於拒絕的人，突然某天選擇拒絕的話，就會惹得被拒絕的那一方心情不悅。因為一直以來都是有求必應的人，而這種人遲早也會遇到為難的情況，最終只有自己難過生悶氣。

雖然感到委屈，但下次要是又有人拜託，依然會答應。也就是並非總是拒絕或答應，只是當自己碰上難以同意的處境時，不太能妥善處理，甚至還會感到有些尷尬、

抱歉。

　　其實我們毋須對於不懂拒絕的自己感到後悔、抱怨，因為就算善於拒絕，人生也不會比較幸福，頂多比較方便而已；但是我還是想提醒各位，比起懂得拒絕別人的人，不擅拒絕的人其世界更美好和平，他們多半在一些小事情上選擇讓步接納，盡量以大局為重，維持整體和平。

　　當你經常面對這種情況，或許就可以為自身行為賦予些微不同的意義。

　　「只要我自己忍一忍就好。」

　　從這裡再稍做發展。

　　「這次我應該可以幫忙。」

　　重點線索在於「這次」，而非每次。這次是因為犧牲小我才得以維持和平，下次說不定憑藉他人的介入，也能讓所有人享受和平。只要稍微收起自己非要總是當和平維持者的念頭，拒絕就不再是一件那麼困難的事情。

　　考量各種情況想要做出最佳選擇的心態其實是很美麗的，但是千萬不要每一瞬間都讓內心變得複雜，適當的拒絕有時反而能產出更棒的結果。

✦　　　　　　　　　　　　　　　　缺乏毅力的人

缺乏毅力就表示
沒什麼興趣

　　被稱為是體育萬能者的 K，以頻繁更換運動項目聞
名。他因為想學跆拳道而開始上課，但是學了一、兩個月
以後，便突然不感興趣，只好作罷。後來他又接連學了游
泳、跳舞、拳擊。由於他很喜歡運動，所以就像在搜集印
章一樣，從立式划槳到滑雪等，幾乎所有運動都有涉獵。
他的運動神經不錯，但不是屬於會深度學習特定運動項目
的人。

　　每當 K 入門一項新運動時，家人或朋友都會再三給
予他忠告。

　　「你要有毅力去好好鑽研一件事情。」

　　把運動搞得像在搜集印章其實並非毅力的問題，反而

要看作是一種探索過程，在找尋最適合自己的運動項目。我們社會早已非常習慣將探索的時間視為浪費，但其實探索的過程不應該歸結於缺乏毅力。

我們總是會思考探索過程的機會成本——不論是金錢還是時間，總之會評估在那段過程中所消耗的東西有無效用。倒不如用那段時間來讀書，應該至少還有點出息；倒不如用那筆錢來學點技術，至少都比現在來得好……。我們經常將這些話掛在嘴邊，其實「你缺乏毅力」這句話，很可能是只重視結果、無視過程的社會化標準。

我自己也是缺乏毅力的人，學一項東西往往不會學到最後，學到自己覺得差不多會的時候就會馬上換別的。在運動方面也缺乏毅力的我，直到遇見跳舞，才終於擺脫這種三心二意的印象。

神奇的是其他項目都還好，唯獨跳舞明明跳得也不是很厲害，卻非常喜歡上課，覺得有趣又幸福，而原來之前那些過程就是在探索。毅力並非指純粹執著地去追求一件事，而是在不斷了解自己的過程中需要的一項元素。

不要將沒有毅力這句話視為意志力薄弱。意志力薄弱

是指賦予動機困難，導致缺乏想要解決眼前事物的慾求；所以不會說這種人缺乏毅力，也就是並非中途選擇放棄，而是在尋找更適合自己的選項。

　　毅力是在探索過程中暫時放下，再重新投入自認有價值的事情時所需。我們應該是要帶著意志力，把毅力用在足以奉獻時間、熱情、人生也想要達成的事情上才對；假如凡事包括簡單的事情都要提到毅力的話，世界上真正有毅力的人又有幾個呢？

　　被說缺乏毅力的人，說不定是頭腦運轉非常快速的人，因為他們不用埋首鑽研於某件事，便能馬上察覺自己合不合適。

　　除此之外，缺乏毅力其實也可以換個角度當成是好奇心旺盛。他們的目標不是要到達某種境界，而是只要能滿足自己達到某種程度的慾望，便會失去興趣，再繼續尋找其他有趣新鮮的事物。

　　最終，只要在尋找最適合自己的過程中展現毅力，那麼，不論是在運動還是職業方面，都會安定下來。只要那時候展現出毅力即可，何須凡事都帶著毅力去做呢？毅力

是以前老師們在責罵或催促學生時才會使用的過時單字，
不妨將其封印吧！

✦ 情緒起伏大的人

情緒的起伏是為
恢復所做的掙扎

　　女性尤其到了生理期，就會因為難以調節情緒而出現巨大的心情起伏，這在古希臘叫做 Hysteria（歇斯底里）。從它源自 Hystera（子宮）這個單字來看，我們可以得知這項精神官能症，早在很久以前就已經存在。

　　哲學家柏拉圖曾說，歇斯底里是當女性懷不上小孩時，子宮因為難過而產生的現象，感覺有點像是用哲學的方式去解析科學的東西。其實並非子宮的問題，而是因為卵巢生成的雌激素和孕酮所導致的現象。這兩種荷爾蒙不僅會決定子宮壁的厚度，還會影響大腦與行為。

　　男性會依照季節變化出現睪酮的增減，所以會把秋天孤寂掛在嘴邊，而女性則是擺脫不掉情緒起伏的問題。說

真的，女性能完美使用理性思考的時間，一個月頂多只有一週，扣除掉生理期前一週、生理期當週、生理期後一週，等於一個月裡只有一週是用最佳狀態在生活。

女性每個月都在經歷荷爾蒙的激烈變化，卻仍然能按照自己的意志過生活，著實令人敬佩。儘管可以用生理學因素來做說明，但是成為情緒奴隸的女性委屈又有誰知。

敏感的人尤其會依照平時與身體對話的順暢度來調節心情起伏，光是身體發現自己已經被荷爾蒙所支配，就能夠掌控情緒。對於身體產生的荷爾蒙變化作出敏感反應，亦是穩定身心重新步上正常軌道的一連串過程。簡言之，情緒的起伏是為恢復所做的掙扎。

在某場派對中，喝了點紅酒，正巧興致高昂的時候。

「申代表，你是不是有躁鬱症？」

一名經營中小企業的老闆用頗為認真的口吻向我搭話，不禁讓我想要調皮一下。

「當然嘍，要是只有躁症就不正常了！還要有『鬱』才行，我有喔！」

我的內心充滿著想要每一瞬間都活在歡笑與幸福之中的慾望，不為任何人，純粹只是覺得創造這樣的時光無比歡樂。的確，許多人會用神奇的眼光來看待我那高漲的情緒，但是要將沒有的情緒拉高，可能一兩次還能辦到，要每次這麼做就不可能了。將情緒維持在適當、所需的程度，若非真心，絕無可能，這不是單靠模仿就能有的情緒。

　　當時那位老闆的意圖是，「等她過嗨的情緒掉下來，就會變成鬱症了」的意思，就如同錢幣的兩面一樣，將我視為在躁症與鬱症間來回擺盪的人。

　　「人要是只有高漲的情緒，那還正常嗎？當然不正常。就如同這世上的所有自然真理都有陰陽調和一樣，上去後就會下來，下來後也就會上去，這樣的情緒起伏是理所當然的事情。如果只有躁症或鬱症，那就不正常了。」

　　所有粒子都有其固有的波動，帶有能量的一切事物都能以帶有高低起伏、規律流動的波形來描繪，而沿著波度的高低起伏，我們稱一個波度的週期為振幅，想像分析錄音檔的圖表即可。

　　世上存在的所有物質，都有其固有的高低起伏，更何

情緒的振幅

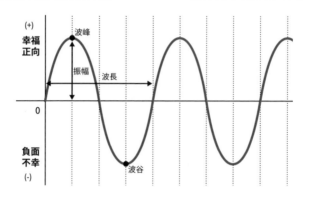

況是我們人類。儘管是瞬間、一天、一年，或是一輩子，都自然會有高低起伏，不論是眼能所見的身體健康，還是看不見的內心情感，抑或與他人之間的關係等，試想假如這些都是一直線好了，宇宙當中可沒有這樣的情形，是理所當然該有的振幅。

　　試著將情感起伏假定成自身的振幅，像貓一樣悄悄地接近。從恐怖攻擊或戰爭等可怕的事情，到非常細微渺小的事情，統統都是在情感的支配底下，正因為不曉得何時會發生什麼事，所以最先要做的事情是降低波高，讓平均

振幅維持在接近水平的狀態。

當從事業務的人簽下一筆大訂單，或者運動選手奪下獎牌等，發生出乎意外的開心事時，就很容易進入突如其來的興奮狀態，而每當我碰上類似這種興奮狀態，就會在心裡悄悄地對自己說：

現在是不是很開心啊？留一點好心情將其儲存起來當作備用吧。當你遇到不好的事情、鑽牛角尖，鑽到出現情緒小水坑的時候，好讓現在預留的開心去填補那塊坑洞。

也就是把隆起突出的幸福感剪掉一些，先預留保存下來的意思。在我獨自一人經營的情感銀行，將幸福的頂部剪下，用來填補不幸的底部，當痛苦的事情發生時，至少可以達到預防作用，讓自己不那麼痛苦。

接下來要做的事情則是減少波動週期。

既然都已經縮短了高低差距，接下來則要縮短情感來回的週期。假如能將上升的波動帶拉長放高，下降的波動帶拉短放低的話，就會是最理想的狀態。但是就連我自己

都還未到達那個境界，只是仍在努力嘗試將週期縮短，把好事、痛苦的事統統感受一遍、經歷一輪，再好好將其送走，因為這段週期一定又會來臨。像這樣減少波動的振幅、縮短週期，就會看起來像一直線，這通常是在始終如一、情緒控制良好的人身上容易看見的模樣。擁有平靜、難以模仿的能量的人，同時也擁有快速、彈性調節人生波動的力量，等於是透過無數次的情緒起伏，換來屬於自己的面貌。

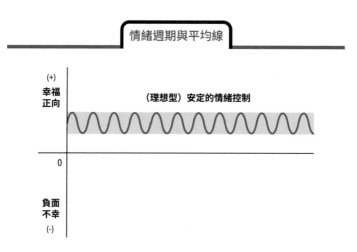

情緒週期與平均線

(+)
幸福
正向

（理想型）安定的情緒控制

0

負面
不幸
(-)

若要再補充一點的話，這條波動的連續線要放在基準線的上方還是下方，其實也是取決於個人選擇。既然世間大小事都有起起伏伏，倒不如在加號區段用正面的力量去經歷，會不會更幸福呢？

　　太開心時，不妨用「是啊，之後一定會有低潮期，到時後再拿出來使用」的心態，把開心的情緒稍微收起來，使其不至於多到滿溢；太難過時，則用「是啊，當時的我好開心，好感謝那個人」的心態，將負面想法稍微壓下去即可。

　　試著想像一下自己的情感波動吧，會是什麼模樣呢？

提升自我信賴的提問

❶ 至今為止，我最喜歡的一瞬間是在什麼時候？

....

❷ 不論做什麼事，都會對我說「你很棒」的人是誰？

....

❸ 試著想出其他人不知道、只有自己知道的優點。

....

❹ 不論情況多麼困難，仍下定決定一定會達成的是什麼事情？

....

❺ 從自己的態度、行為、習慣中，想出所有人異口同聲稱讚認
同的一個點。

....

❻ 過去是否有讓你充滿動力的專案、課題或興趣等？

....

❼ 何時、做什麼事情時最容易受人矚目？

....

❽ 試著回想自己是否有購買後喜歡到不知該如何是好的物品。

....

❾ 什麼事情是你認為人生中最大的成功？

....

❿ 試著寫下自己對自己的期許。

....

第 2 章
找出隱藏氣場的方法

若要散發氣場，就要先懂得消除掉詆毀自己的負面想法，讓自己立足才行。從想法、長相、態度，到不想承認的自我真面目都要能欣然認可，並來一同了解重新企劃人生的方法！

重要的不是推開界線，
而是去除掉足以將帶有界線的某種東西分開的特性。

＿里夏德・馮・魏茨澤克（Richard von Weizsaecker）

✦ 別鑽牛角尖

請對自己喊：思考，你給我停止

　　有段時期，我很討厭我的性格，因為會過度在意他人眼光，壓力大到身體上的每一塊肌肉都變得僵硬，緊張一整天。對於活在他人眼光裡的自己感到厭惡至極。

　　只有我這樣嗎？只有我會害怕彷彿全世界都在關注我嗎？為什麼我會這樣呢？儘管這些問題煩惱了數十年，仍舊找不到解答。只能照樣過日子、沒辦法、可是又不想這樣生活，在這些念頭之間來回反覆。總是自己擁抱煩惱、思考又思考，永無休止。

　　轉眼間，炎炎夏日的悶熱空氣改換了面貌。今天變成是纖細陰涼的氣息，從早晨的窗戶滲透進來。雖然白天依舊酷暑難耐，但是因為已經稍稍轉涼，可以愈漸感受到偏乾爽的涼意。秋天正在悄悄地、理所當然似地靠近我。假

如以四象體質來看，我是屬於秋天，秋天的少陰人！

寒冷、乾燥、乾枯、低落、悲情。
秋收、結實、落葉、楓葉、過冬準備、修築。
思索、讀書、豐裕富饒。

說到秋天就會先聯想到這些字詞。在大自然中看到的秋天，是越過春夏，從陽氣最旺的夏季獲得果實的季節。涼風會將尚未長成穀物的一切吹落。

被稱為是少陰人的秋天屬性朋友們，臉上就像是冷風吹過冷冷的，為了不讓人發現尚未完成的自己，所以採取防禦姿態。他們比誰都還要嚴苛鍛鍊自己，並對於其他人的評價或批評感到抗拒排斥，所以總是小心翼翼、體恤他人、察言觀色，對周遭的變化十分敏銳。

看在外向型的人眼裡，可能會不曉得究竟為何要反應那麼敏感、給自己那麼多壓力；但是就如同向日葵本來就是黃色、玫瑰也本來就有刺一樣，與生俱來的本性是難以改變的。總不可能說那些自己容易看臉色的人是做了錯誤

的行為，這就只是出生成秋天屬性、大自然為其套上的色彩或模樣罷了。屬於不可逆或難以拋下的，沒有好壞，也沒有傑出人生與否等問題，就只是按照自己既有的模樣去活而已。

然而，以秋天屬性活了四十年以上的我，並不滿意這樣的自己，於是下定決心要將剩餘的四十年活得像炎夏一樣炙熱。不是要模仿其他體質，而是決心展開新的探險，想要以不同觀點和行為模式，重見思想的自由與豐富。

秋天屬性的人，最顯著的特徵之一便是腦海中會有想法不斷盤旋。雖然會思考因果關係的妥當性，試圖客觀看待事情，但最終會不容易得出結論，無法果斷行動。對於因他人眼光而遲遲不敢自我選擇的我來說，最需要的是從束縛自己的想法中逃脫，好好地面對世界，這樣才能有所成長。

當念頭一個接著一個，不知不覺間，自己就會變成根本沒有發生的事件裡的受害者。這時該怎麼做才好呢？

別再想了！你給我在那裡好好待著，不准動！

隨著脫口而出這句話，我努力想要切斷彷彿圍繞著我的思緒鍊。

思、考、停、止。

就算對自己喊一百回、兩百回，念頭依然層出不窮的話怎麼辦呢？假如叫它停止就可以不再浮現任何念頭的話，活著會是多麼容易的一件事呢？那些飽受負面想法折磨、認為對自己呼喊停止思考也無濟於事的人，彷彿就在我身邊一樣，我很能理解那份心情。

不過，至於這個呼喊是否沒有必要，我個人是不認同的。因為對於會陷入無止盡思考、想要警惕自己的人來說，就算用這種方式也要嘗試讓自己停止思考。

養一條巴夫洛夫的狗
為此，我準備了一項裝置，在手腕上戴了一條纖細堅

固、會給人刺痛感的橡皮筋。那是二十四小時防禦裝置，每當我只要想起毫無幫助的焦慮念頭、憂鬱念頭、孤單念頭、討厭念頭時，就會提醒自己那些念頭都是對自己有毒的。這是在心理學裡經常使用的技法。

各位一定熟知「巴夫洛夫的狗」實驗，也就是每次先搖鈴再餵狗，最後變成狗只要一聽見鈴聲就會流口水的條件反射實驗。藉由反覆學習，將鈴聲和食物視為同樣的條件之後，狗只要聽見鈴聲就會自動流口水。

而我則是藉由手腕上的一條橡皮筋，開始養一條巴夫洛夫的狗。

我的腦海正在浮現負面念頭。
我用力拉扯橡皮筋，再放開。
感受到比預期還要痛的痛楚。

在此，橡皮筋刺激和負面念頭是同樣的條件，讓我認知只要浮現負面念頭就會帶來疼痛感。亦即，以負面想法會使我疼痛作為前提，將行為與神經系統連結，進而停止

該項行為。也就是讓大腦與身體同時認知到不好的念頭會
對自己有害。

對我來說，這項裝置滿有效的。假如被捲入致命事
件、遲遲掙脫不了，或者就算做了許多現實努力、事情也
依舊不可能改變的話，盡可能趕快擺脫那些念頭才是最明
智的選擇。這時就可以把橡皮筋戴在手腕上。選擇一條纖
細但充滿彈性的橡皮筋，就可以明確傳遞信號給大腦！

當你想起討厭的人而動怒、呼吸變急促時。
當你懷疑那件事情該不會是真的、感覺頭腦要炸裂
時。
當你想起無中生有的眼光，獨自看人臉色時。
當你發現自己正在挑選不容易引人注目的衣服時。
當你說不出該說的話，獨自嘆氣時。
當你想像剛才見完面的人會對你有什麼看法時。
甚至走在路上感覺鞋跟會卡在人行步道磚的縫隙間，
導致鞋子鬆脫，成為路人的笑柄時。

拉～啪！

在這些瞬間，我都喊了別再想了，並拉扯手腕上的橡皮筋。二十四小時被他人和這世界投射的視線所綁架的我，為了克服頻頻想起的各種眼光而喊出「別再想了」。

其實根本沒有人看我，也沒有人對我感興趣，不論我做什麼都沒有人插手質問。我對著那些源源不絕的負面想法這樣喊道：

我要停止。

我會先停下來，

為了迴轉，我正在減速！

希望各位也能試著養一條屬於自己的巴夫洛夫的狗，雖然只是一個小舉動，效果卻出乎意外的大。

不去評價他人的人，
也不會評價自己

　　和那些陷入單戀的人見面時，內心一隅不免會感到一陣哀戚悲痛。他們因為受到他人關注而感覺被壓垮，就像是雖然渺小如塵埃，卻獨自面對世界，用全身去阻擋全世界一樣。他們對於活在他人眼光裡，很有壓力。假如能領悟到世界對我並不感興趣，只有自己在窮緊張的話，會不會更自在一些呢？

　　你還記得今天一起吃午餐的人，腳踩的高跟鞋是什麼款式嗎？有沒有因為暗自心想，這人為什麼要穿那雙和衣服不搭的高跟鞋，而浪費了珍貴的下午時光呢？或者因為好奇她的精品包到底是不是真的而難以專注在公事上？幾乎沒有人會因為這種事情而浪費自己的時間，這些都是毫無意義的想法。

　　對方也絕對是這樣看待我的，就如同我不會記住也不會去在意對方的一舉一動一樣，對方也不會過度關注我。但是為什麼要把自己困在他人的眼光裡去思考呢？這根本是無中生有，也是自己憑空想像的幻想。

儘管內心明白，但是要擺脫控制自己的想法並不容易，這是因為潛意識的緣故。原來過去的我，在毫無意識的狀態下，一直在評價周圍的環境與人，就算不是出自我的本意，卻仍在不斷上演。

　　我的潛意識總是在評價他人，以貶低別人為樂。秋天屬性的人打從娘胎一出生就知道自己異於常人。誠如前述所言，秋天是脫去外殼只留穀粒的季節，因此，秋天屬性的人往往喜愛批評，各位還記得嗎？

　　他們的感覺敏銳，分析、彙整的卓越能力是連本人都認可的程度。通常學生時期用彩色原子筆畫重點、寫筆記的同學，屬於秋天屬性的機率占 99.9％。

　　之所以會認為別人會評論自己的外貌或眼神、嗓音、行為等，是因為自己同樣會對他人的外表、眼神、嗓音的細微變化及行為敏銳感知，做出無數次判斷及定義的緣故。不會評價他人的人也不會評價自己，受潛意識所支配的評價壞習慣反而會使自己更容易看人臉色，並感到痛苦難耐。過去的我就是如此。

如今，可以停止認為他人一定花許多力氣和時間在我身上的毫無根據臆測了，既然自己不會這樣看待他人，那麼別人也絕對不可能對你感興趣。

　　只要自己停止思考，世界也會停止思考。自己受到的目光壓力其實是自己對世界的看法，也是自己給自己的評價。期盼各位不要老是用目光來餵養自己。

讓大腦念頭盡情流過才能入眠

　　試想，一位你真的非常不想讓他待在身邊的朋友老是來找你好了。明明不想和他親近，卻一直來找你，說要來你家玩，你會怎麼做呢？要怎麼做，才有辦法用最快的速度擺脫掉這位朋友？對方一直來按門鈴，就算你一直拒他於千里之外，也不曉得對方到底何時才願意離開。他會不斷地主動來找你，而你只能請他進來玩，然後讓他離開。這位朋友名叫「念頭」。

　　舉例來說，假設我打電話給心愛的人，對方卻沒接

到。一開始你可能會認為對方應該有事在忙，然後等一下再嘗試聯絡；但這次對方依舊沒接電話，在聯繫上對方前你都會感到坐立難安，內心出現各種揣測。

「該不會發生了什麼事了吧？還是他正在見其他人？到底在哪裡做什麼事，連電話都不通？剛才明明跟我說他在上班工作的啊。上次也有發生過類似的情形，這次又來！」

當念頭一個接著一個接續不斷時，就會發現自己已經深陷在自己的想像世界中，想像著根本沒發生的事情，甚至引發莫名其妙的爭執。但實際上，很可能只是電池沒電，把手機遺忘在公司等。

當壞念頭或雜念、不該有的念頭擅闖大腦，不妨選擇放行，在此所指的念頭，並非發展好點子或者發現邏輯，而是指日常生活中的負面念頭。等時光流逝之後再回頭看，其實大部分都是雞毛蒜皮小事。原本沒什麼大不了的小事，卻任由負面想法不斷滋生蔓延。

所幸只要堅定地洞察自我內在，把焦點放在對自己有無幫助，就能立刻讓自己停止產生不必要的念頭。倘若發

現自己已經開始在鑽牛角尖，也毋須苛責批判自己。不要在內心用帶有批判性的字眼來責罵自己，這樣的話又會往負面方向產生永無止盡的批判念頭。

當負面念頭不斷來敲門，記得要放任它來盡情玩樂到自願離開為止。

✦ 更正內心的錯誤

「我只要沒有面帶微笑，大家就會以為我在生氣，不敢向我搭話，覺得我很強勢，所以難以親近。」

「那你本人喜歡被這樣認為嗎？還是不喜歡？」

女性只要被人說「氣勢很強」，就會先感到錯愕並且變得小心翼翼。每當遇見吐露這種苦惱的人時，我都一定會問：「所以你認為這樣的形容怎麼樣？」本人究竟是希望被人說強勢，還是不喜歡被人說強勢，要先明確知道自己想要什麼才能夠嘗試打造自己的氣場。

所謂「氣」就是指某種看不見卻能感受到，可以提供專屬於自身靈感的氣息。氛圍、性感、殺氣、放蕩不羈的

氣息、歡樂氣息、疲累氣息等，我們在日常生活中經常會使用「氣」這個字，而這一切融合成的綜合藝術結果正是我們每一個人。所謂氣勢強，其實就是自我色彩分明之意，能夠用「氣」這個單字說明完一個人的整體氛圍，著實神奇。

與「氣勢很強」這句話經常一起出現的單字是「壓制」。「被那人的氣勢壓制是要怎麼活」等，因長期以負面角度解讀氣勢的文化，導致人們對於「氣」的認知變差。尤其在韓國，因長年累月的慣習，特別是女性被說氣勢太強會顯得更為負面。明明都還不清楚這個人，卻先有先入為主的觀念，使人看不見對方的真實模樣。可是氣勢強又怎樣呢？

沖泡即溶咖啡時，水要加少一點，精準掌握在八十毫升的水量才行。一般紙杯裝滿水是一百八十四毫升，等於要比半杯九十毫升的水量還要再少十毫升，才會沖泡出最美味的咖啡。我泡的咖啡還包含著希望對方可以感受到豐富香氣與感受到用心的滿足感。加入八十毫升的水根本不

需要測量工具。光憑情感、眼睛、感覺，也就是所謂的「氣」，便能找到適宜水量。

電視節目《生活的達人》裡會出現各式各樣的達人。比方說，憑感覺分割麵團的人，可以精準掌握每一小塊的麵糰都維持在小數點後一位數字都相同的重量；或者只是伸手抓了一把，就能準確拿起五十份紙袋，這種雙手就是秤子的達人，根本不需要磅秤就能憑感覺抓分量。像這種也是全憑「氣」。

化學實驗課題的成功與否，取決於精準的測量。透過目視反覆確認實驗器具落下的最後一滴液體，讓試劑的顏色從無色變成紅色，敏銳抓出細微的變化，然後再將得出的數值作為精準的數學公式根據，測量濃度與體積，才有辦法解決問題。還要找出使一滴液體的○‧○五毫升產生瞬間變化的中和點才行，不能去想任何非事實的事物，當其他東西混雜其中，產出的結就會有失可信度。

我自幼就非常喜歡化學，沒有理由。大學就是攻讀化學，隨著慢慢拓展學習領域，自然悟出了一項心得：原來世間萬物，不論看得見或看不見，沒有一個是靜止不動

的。雖然透過肉眼是看不見的，但是我知道擺放在眼前的物品也不是完全靜止的狀態。

　　科學是讓人享受物質文明的基礎學問。在科學領域裡，不變的命題之一便是一切物質都是由「分子」所組成。分子由原子 (+) 和電子 (-) 組成，按照大自然的規則，原子周遭會不停產生電子，電子也會圍繞著原子旋轉，就好比地球和其他行星不停在太陽周遭自轉、公轉是一樣的道理，從微粒子的世界到浩瀚宇宙，統統都在旋轉移動。像這樣靠分子組成的所有物質，都有其專屬固有的移動軌跡並存在於這世界上。

　　現在眼前靜止不動的書籍，其裡面的黑色印刷文字同樣在不斷散發著固有能量，蘊含作者思維的活字所帶來的能量，會使人感動並帶來改變。書籍放久了會與空間產生反應，變得老舊泛黃，也會依照自己是如何使用那本書而出現模樣與感覺上的變化。而從書中感受到的感動也會來到我身邊，逐漸變成其他模樣。這便是能量，書籍有著成為想法種子的力量。

　　這在東方是以「氣」這個單字來做為統稱，在西方則

稱之為「能量」。最終，這世界的一切都是以陰陽的能量、氣所存在。我們不能將「氣」純粹視為某種看不見的東西。

也請不要將「氣」解讀成毫無事實根據的東西。如果將氣改稱為能量，就會發現它絕非只是負面的詞了。當你聽聞別人說「你看起來氣勢很強」時，只要接納成「你看起來能量充沛」即可。

從我身上散發出來的氛圍是屬於自己的。從我這獨特的人身上所散發的獨特能量，是在展現自身專屬色彩，而不是比較優越的強弱對象，所以不必因為他人感覺你很強勢而鑽牛角尖，因為你本身就是個高貴、強烈的存在。

試著悄悄地對自己說：

我很清楚知道自己的氣場多麼珍貴、強烈，

只是不曉得如何更了解自己、使自己發光發熱，

也只是因為那些配合他人眼光的潛意識念頭，導致無法展現既有的自己。

好好觀察自身散發的光是什麼顏色，好好打磨成強勢的氣場吧！當光芒能夠好好展現時，便能用自己的氣使周遭的人幸福。

拉門，而不是推門

　　請拉門。

　　拉。

　　拜託用拉的。

　　這已經不是第一次看見餐廳大門被貼上好幾張宛如是在抱怨般的拉門叮嚀，可見有多少人會將外拉式的餐廳門試圖用推的方式入內用餐。據說大部分韓國人最容易忽略的單字就是「請拉門」。

　　是不是很神奇呢？這還不是一、兩人，而是許多人都會忽視，想要直接推門而入。其實不論從哪一邊開，門都會打開，所以才會按照自己的習慣推門。用向前走的方向直接推門，往往比拉門來得直覺又熟悉。靠著「慣性法則」

往自己要去的方向推，會更為自然。

慣性法則是指，只要沒有從外部使力，所有物體就會維持原來的運動狀態（靜者恆靜，動者恆作等速運動）。也就是說，汽車緊急剎車時身體會自動向前傾，或者用一隻手迅速拉扯廁所衛生紙就會被撕下來等，以上現象都能發現所謂的慣性法則。

世間萬物都有著不論施加任何力量都會盡量待在原來狀態的屬性。人生在世，時而需要推，時而需要拉，但是假如按照至今習慣的只推不拉的話，會怎麼樣呢？有時會像站在一扇打不開的門前，感受著冷落、絕望、難過等瞬間，也就是受困於不管怎麼做都不行的念頭，動彈不得的感覺。

我有多少能量可以停留於現狀呢？當難以對敵的某種力量施加在我身上時，我又能以多少的自己撐下去呢？為了以備不時之需，得先將自己的基本值培養好才行，而獨特的自我價值，絕對不是只想往前衝的性質，也不是只想原地放棄的懦弱，屆時所展現的獨特價值是所謂的「經驗」——開過門的經驗。

我最近在挑戰咖啡廳的菜單所有品項。為了擺脫長期以來熟悉的美式咖啡，開始嘗試接觸一些新的菜單。因為想要從一杯咖啡開始，刻意打亂既定的習慣、固定的模式；不再讓自己即使是喝一杯咖啡，也想著為了避免踩雷浪費錢而點熟悉的品項，想嘗試就算甜到喝不下去直接扔掉，也要選黑糖拿鐵來喝喝看。最後基於經驗、有趣而嘗試完一輪之後，讓我知道自己原來不喜歡薄荷巧克力，也主動尋找有誰喜歡吃薄荷巧克力。正因為點過薄荷巧克力，所以才會知道究竟是什麼味道，下次要是有人推薦我吃薄荷巧克力，也可以表示不合自己的口味。

　　不妨暫時放下至今為止習慣的行為模式，開始嘗試其他新方式。說不定會發現隱藏於內在自我的某種野性特質。

提升貪心的層次

　　某天，我和一名女中小企業家一起去打高爾夫球。正當我們準備移往下一洞時，對方突然對我說了這句話。

「申代表，我因為您對我說的一句話而內心變得平靜。」

這是我早已預料到的事情。

早在幾天前見到她時，她向我吐露過其他人說她貪心，所以感到有點受傷。我當時對她說：

「貪心是好事啊，有什麼不好嗎？」

那個人是任誰看都覺得擁有一切的人，充滿魅力的外表、財力、社會成就，甚至是和樂融融的家庭，簡直十全十美。

人們普遍有著一樣的心理，就是有著一顆無法忍受完美無缺的心、看見完美的事物就會想找出缺點的壞屬性；就好比看見平靜的湖水，就算不能丟小石子也會想要丟一片葉子，使水面泛起漣漪一樣，看見沒有人踩過的雪地也會想要故意去踩出幾個腳印。

不是想要摧毀，而是想要確認，完美究竟是否能永遠？自己去搞破壞的話，究竟會產生什麼樣的結果？

對待別人也是，撇開喜歡或討厭的情感，看見幾近完美的人就會產生一種微妙的心理。世界是公平的、老天爺

不會給一個人全部都是好條件……試圖用這些話來從對方身上找到一絲缺點，因為只要一旦找到一個缺點，就能縮短與自己的差異。

「我也很常聽見這種話，她是貪心鬼，從她凡事都能完美達成來看，可見多麼貪心，這種話我實在聽多了。但是呢，我只是在擔心之餘努力想要做到完美而已，申代表您也是非常努力認真過日子，才有今天的成果啊。」

有錢又幸福，但是被人說貪心，就會認為自己展現了負面形象，並對此感到受傷。難道是因為從小就受《興夫傳》這種古典故事所影響嗎？我們都帶著既定觀念，認為只要被看作是貪心的人就等於是壞人。

「會說那種話的人想必在是在情感上受了某種創傷，看妳過得好會使他心中不快，等於是拐個彎用貪心來形容妳。」

每個人的喜惡生來不同，就好比我家前院與隔壁鄰居家的前院是不同形狀一樣，不能因為別人家和我家的前院形狀不同，就肆意地扣上貪心的帽子。

　　貪心其實是一種催化劑，會使人變成更好的人。為了想要成為自己心目中理想的那種人，擁有那份貪心，進而採取不同行為；就好比希望可以拿到好成績，正因為有那份貪心，所以才會督促自己趁別人在睡覺時仍保有溫習功課的熱情。

　　「貪心是朝著美麗結果邁進的樣子，在各方面都全力以赴。正因為貪心，所以即便每天都能玩樂仍不會選擇這麼做；正因為腦海中不斷在想著目標，所以就算為了玩樂而見面，也會心繫工作、提出閃過腦海的好點子。正因為那份貪心，才有辦法產出讓人驚訝到掉下巴的結果。」

　　假如你不想要再受貪心這個單字所苦，就需要提升貪心的層次；所謂貪心，其實是在為了達成自己追求的人生價值而設定目標時，所展現出來的慾望和努力等。為了擁

有並實現自己是很不錯之人的形象，貪心是理所當然、充分需要具備的元素。我很喜歡貪心的人，貪心並不壞。

說吧，

彷彿初次學習那個單字時一樣

　　情緒表達困難的人，往往期待對方率先察覺他的內心，而非自己主動積極告知對方，就算不特別展現自己，也希望人們可以發覺他的價值，有著「既然我這麼優秀，不用我特別說，也應該會被人主動看見吧」這種心態；但其實沒有任何關係是什麼都不表現，對方就主動了解你的，世界還是因善於表達的人而運作。

　　「要吃什麼好呢？」

　　「都可以。」

　　「那我們今天吃飽一點，去吃韓式吧！」

　　是不是一看就知道？懂得積極表達自我意願的人會吃到自己想吃的東西，不表達的人就吃不到自己真正想吃的食物。

電視劇常見的劇情之一就是沉默寡言的爸爸平時幾乎不會對子女表達愛意，然而，神奇的是，不論歐洲電影、日本連續劇、韓國連續劇，這都是經常出現的劇本公式；於是再因為某一起事件，比方說家人當中有人病危離世等，出現彼此相擁而泣的畫面，然後說出「爸其實很愛你」這種話。為什麼呢？為何平時不把愛掛在嘴邊，一定要等到有突發事件才有所領悟、後悔萬分。

不擅使用情緒單字表達，是因為羞於展現內心，認為尷尬的緣故。活了數十年，就算學過英文、常識、科學等所有科目，也從未學過如何表達情感。國文老師往往會要求學生背詩，然後寫一份心得感想，並說明作者在歌頌大自然的美麗，但學生們至少也要先說過「美麗」這個詞才有辦法體會吧。

當我們感受美麗時，不妨像個初次學習該單字的小朋友一樣，發出聲音來說說看吧。當你愈來愈能夠自由運用情感單字時，就能在任何地方明確表示自我意識。

當你抬頭仰望天空，讚嘆「天空好美麗」時，其他人也會一同觀看，因為鮮少有人會將寫作時才會用的「美

麗」掛在嘴邊；儘管如此，我也依舊經常使用這個單字，當周遭的人只有在內心感到美麗時，我卻將其說出口，他們就會回頭望向我，瞬間成為焦點人物。

不是只有事業計畫設定得很偉大、當上組長或代表才能擔任領導者；真正有能力的人是可以感同身受其他人的情緒，並使人願意展現內心感受，引導、安慰對方展露出難以展現的情感，而這種人身邊往往會自動聚集許多人。

如果想要成為幸福的人、重要的人、交友廣闊的人，就要懂得展現自我情感。知道如何妥善送走負面情感、傳遞正面情感的人，儘管身處難關，也能重新站起。因為他們會邊表達情感、邊注入正能量，與此同時，願意一同解決問題的人脈也會出現，然後再聚集這樣的氣勢，共同克服困難。

若要善用情緒單字，就要先了解自己使用的單字極限到哪裡，觀察說話習慣便可知道，只要用幾個單字就會展現出自己是怎樣的人。

好煩。

心情好糟。

不要惹我。

有事情惹我生氣了。

累都累死了。

你也是習慣展現負面情感的人嗎？還是屬於會自然使用以下這些正面表述的人？

開心。

美麗。

心動。

優雅。

陶醉。

有趣。

幸福。

愛。

超棒。

我們明明很會展現負面情感，警告對方自己要懂得閃開，不想與對方起衝突，可是卻不懂得先展現正面情感，到底是為什麼呢？假如有家人從外面回來，不妨試著這樣問好。

「今天幸福嗎？」

就算有人是帶著煩躁的心情回到家中，也會因為這麼一句話而改變整體氛圍。

說吧，就像第一次學說話一樣，天真浪漫地展現自我情感吧。

我經常使用的情感單字

更堅強、自信地生活

以至少守住顏面的決心過日子

假如見到好久不見的朋友，你會想要聽到對方說什麼？

天啊，你怎麼這麼憔悴？發生了什麼事？
你整個容光煥發耶，有什麼好事發生嗎？

前面那句一定不會有人想要聽見，就算有什麼事，也會希望不要被其他人看穿。「你的黑眼圈已經掉到下巴去了」這種話更是不想說出口，因為會有一種疏於管理自我的感覺。

經營藥局的 Y，從好久不見的朋友那裡聽見了不太想聽到的話。

　　「你賺那麼多錢有用嗎？怎麼不去做個臉、顧好身體健康？最近一對一健身課也不貴啊。」

　　「是吧？整天待在藥局裡，感覺身體已經不是自己的了，還是穿藥師袍最舒適。」

　　直到回到家，朋友說的那句話還是壓在 Y 的心頭上。和男朋友吵完架已經超過一週沒聯絡了。以往只要過一兩天，男友就會主動打電話來示好，這次卻拖了好長一段時間。原以為彼此雖然沒有明說但已經有結婚共識，但是礙於要是這樣繼續冷戰下去直接走向分手的話，該如何是好的念頭，使得她無法專心做其他事情。妝也愛畫不畫的，反正整天都待在藥局，所以也不需要特別打扮，經常隨便穿一條牛仔褲配毛衣而已。其實她已經為了見朋友而特地打扮過了，沒想到竟然還是如此明顯。

　　和 Y 一樣與戀人吵架、長時間準備就業、專注投入在大事上的人，通常都會明顯看得出來沒有好好打理自

己；不僅從表情、動作看得出來，也會從外表看出不再精心打扮。雖然自我管理並不一定就是指外貌管理，但是依然占據一大部分。就如同金錢不是人生的全部，卻仍占很大部分一樣，外貌可以視為展現自我管理程度的指標。

為什麼只要發生什麼事，就會變得疏於打理自己呢？假如生活正處於辛苦的狀態，反而需要比平時更細心照顧自己才對，現在的自己已經是受傷的靈魂了，要是連外包裝紙都破損可就不好了。所以不論情況如何，都不該停止愛自己。

我們可以充分直視、全然面對並接納那些不好的情況，直到找到解決方法為止，但千萬不能放棄耀眼的外表。畢竟那些事情又不會讓你悲傷、痛苦、倦怠、厭煩一輩子，不是嗎？面臨困境時，要能夠疼惜並且維持自己是一件不容易的事情，這也是為什麼只要經歷辛苦，身體就會變虛弱的原因。其實愈是遇到這種情形，就愈要為了脫離困境而像幸福時那樣行動才對。

有些人只是被加班或飲酒搞得疲憊不堪，卻說自己連澡都沒洗就上床睡覺；每當我聽聞這種事情時，都會忍不

住想要糾正對方的心態。都已經累到要死掉了，怎麼可能還有洗澡的力氣；在公司就已經壓力夠大了，好不容易回到家，當然只想躺平；其實這些都是我曾有過的念頭，但是不妨停在這裡稍微調整一下心態。

我必須選擇我自己，不管面臨何種挫折，都要選擇今天把自己打扮得漂漂亮亮，因為明天又會再以健康、發光、美麗的樣貌活下去。

內心難受的期間，假如停止打理自己，就會開始退步。反正都要重新回歸日常，何必讓自己連日都呈現死氣沉沉的狀態？我們可以靠內心守護自己熬過這段辛苦過程，但是要擁有持續且習慣性地管理自我健康及美貌的力量才行，這樣才能在恢復後看著自己的樣子面露微笑，對自己說聲：「辛苦你挺了過來。」

打理外表甚至是強化精神的捷徑，為了維持美麗而動起來，是扮演內心出口的角色。假設在長時間情緒低落的情況下，用絕不讓步妥協的心態認真打理外貌的話，那些

辛苦的事情可能就不會拖很久。儘管情感受傷的程度是連動一根手指的力氣都沒有，也一定要在臉上敷一片面膜堅持下去。

除此之外，假如痛苦的強度已經到達一百分，那麼光是打理外在可能就會先耗掉三十分，最後只剩下七十分左右的痛苦，我們稱此為「平常心」。有些人會將強度原本是一百的事情削弱成五十，而在那股力量中，蘊含著打理外貌、維持情緒、經歷日常的自我照顧原理。

愈是辛苦就愈應該讓自己多敷一片面膜、給人按摩、做運動。內在不管怎樣都無所謂，痛苦也有總量法則，所以要充分經歷完才能真正過去。假如在狀態不佳的情況下也依舊堅持投資外貌與維持健康，那麼，這些事情就會幫助你將自己從痛苦中打撈出來。

愈痛苦，就愈試著將注意力放在自己的身體上吧。持續投入用心經營身體的精力，就會迎來痛苦的事情是一回事、自己又是另一回事的課題分離瞬間。

臉龐是內心的容器，身體是靈魂的住所，是遲早都要回去的地方，所以要持續不斷地維持、修繕、管理才行。

尋找專屬於我的提升能量方法

所有的育兒方法都強調，用美麗的眼光去看小孩，他就會漂漂亮亮地長大。電影《牛鈴之聲》裡登場的八旬老奶奶，也是因為丈夫天天誇她漂亮，才活得像個少女。

心情憂鬱時，只要有人說一句：「你今天很棒欸！」是不是馬上就能轉變心情呢？或者應該說他人的眼光會使自己改變認知嗎？接受好的眼光，自然就會減少幽暗的內心空間。

如果想要擁有好氣場，就要把不好的氣場迅速中和成好氣場才行；就算不去吸取其他人的好氣場，也絕對會有許多方法在不消耗自身氣場的前提下，往良好方向生成好氣場。

我喜歡使用的方法是按摩，愈疲累就愈用心幫自己的身體按摩，便能得到莫大安慰。

能使我們感到幸福的賀爾蒙有很多種，包含能夠感受歡愉的腦內啡、帶來安心感的血清素、擁有快感的多巴胺、使人安眠的褪黑素，還有融為一體感的催產素，統統都屬於幸福賀爾蒙。其中尤其能舒緩壓力、激發正能量而

被稱之為正向荷爾蒙的是血清素。

為能讓身體可以分泌血清素，都會建議要多曬太陽。假如白天情況不允許你到戶外去走走曬太陽的話，也可以透過肌膚接觸促進分泌。當然，自己的身體由自己撫摸自然是再好不過的事情，但是時間不夠充裕時，光是簡單地按摩太陽穴或額頭也能看見效果。

人們的情感據說是由多巴胺、正腎上腺素、血清素三種神經傳導物質形成。多巴胺掌管快樂，正腎上腺素則掌管負面情感，而血清素則是在兩者之間抓出適當的平衡，幫助人類避免成為情緒的奴隸。因此，血清素數值低的話也會出現憂鬱症，血清素分泌愈發達的人愈能夠維持平常心，也愈能延續幸福感。

心情憂鬱時先暴吃一頓再讓自己餓個幾天，這種行為的背後其實也是血清素在作祟。血清素不足就會使人食慾旺盛，如果想要減重，就需要減少食慾，而為了減少食慾，就需要提升血清素的分泌量。憂鬱時，不妨試著溫柔地幫自己按摩一下額頭，別再找巧克力來吃了。

當你知道這一切的原理之後，就能連結成一套公式。

A 行程：受到壓力→憂鬱→吃→體重增加→再次受到壓力
B 行程：受到壓力→憂鬱→按摩→增加血清素分泌→感受
　　　　到自己被呵護→心情變得平穩且自尊感得到修復

你想選擇 A 還是 B 行程呢？假如明知這套原理，卻還是因為憂鬱而想要靠吃東西來調節心情的話，建議吃一些堅果類、香蕉、肉或起司等。這些都是有助於分泌血清素的食物。

然後去給專業師傅按摩也會有一種備受呵護的感覺。從頭到腳塗抹香香的精油，透過揉捏喚醒身體每一條血管與每一顆細胞，身體會逐漸得到緩解與放鬆。身體、心靈，甚至是由內心深處湧上來的悲傷，透過物理性的方式去感受肌膚或肌肉的觸感，就會進而產生「原來我還活著、還有被愛」的存在感，也就是大腦在認知存在感。

每個人對於按摩的喜好不一，也需要投入時間與金錢來進行；假如你會排斥去給人按摩或者不習慣享受按摩的

話，建議改以洗澡或伸展等能夠觸摸到自己身體的活動來代替，也會是不錯的方法。洗澡時，使用肌膚會稍微受到刺激的洗澡巾輕輕搓揉，也能促進淋巴循環、荷爾蒙分泌，使心情變好。另外，可以試著揉捏自己的腳，主動向自己的身體搭話，告訴他一整天支撐著身體將自己移動至各個地方，實在是辛苦了。

或者也可以利用等待地鐵進站或茶水煮開等零碎時間，從頭到腳伸展每一處關節。想到哪個部位就伸展哪個部位，將身體的每個細節延展開來，使其循環，讓身體知道自己有感謝並珍惜它的存在。由於有著和按摩一樣的效果，所以是隨時都能使用的方法。

當生活是一連串使你洩氣、需要用盡全力去執行的事情時，希望各位可以開發出至少一種專屬於自己提升能量的方法。不論是喝一杯紅酒紓壓，還是打一場大汗淋漓的拳擊，抑或是聽聽音樂、跳跳舞也好，不妨讓自己擁有一件喜歡的事情吧。還有，也要按時吃保健食品、創造能使自己歡笑的事情、定期接受按摩等，讓自己可以重新打起精神。你會感受到日子其實還過得去。

✦　　　　　　　　　　　打造日常的信號體系

　　如今，認真努力過生活已經不再是一種美德，因為任
何人都是用自己的方式在認真過日子，所以光靠這點早已
不足以安慰自己。認真過生活也未必總會有好結果，有時
不妨退一步，用客觀角度去看待過分熾熱、認真的自己。

　　「銀英啊，不需要做到這種程度。」

　　正因為沒有任何人會對我這樣說，所以我才要對自己
說。告訴自己不需要做到這種程度也沒關係，假如連自身
電池狀態都不太清楚，又怎麼可能每天高喊著認真努力
呢？

有一項心理學用語叫做自我耗損（Ego-Depletion），簡言之就是意志到達極限的情形。管理並約束自己其實比想像中需要更多能量。過重的業務、設定的高目標、過度的投資等，這些都是約束自己去做光憑意志力難以達成的事情；而當自己在夾縫中求生存時還碰上極限瓶頸的話，就會進入自我耗損的狀態。

　　而在這種狀態——自己真正想做與不得不做的事情之間，可以從中解決矛盾的，不就是副角色嗎？原本副角色是遊戲術語，在遊戲裡認為不需要再培養原本的角色或者需要其他帳號時，就會另外再創建一個副角色。有段時期甚至掀起一股熱潮，不分你我都在創建副角色。

　　當你感受到以自己的身分活下去面臨到極限時，或者希望這件事情不是你做的時候，召喚副角色出現就會有莫大幫助。

　　像我的話就是「重機姊姊」。我只要一戴上安全帽，就會出現副角色。明明我是個連腳踏車都不太會騎的人，第一次挑戰騎重機時，根本沒有期待會騎到今天這種程度。雖然十四年來的後座經驗多少有些幫助，但是親自騎

重機又是截然不同的事情。

　　長期上下後座卻從來不曉得原來駕駛座的腳踏板是有煞車功能的，這讓我感到十分驚訝，十四年來，竟從未注意過。

　　人生會不會也是要由自己親自駕駛，才會曉得油門和剎車在哪裡呢？自從開始騎重機以後，我得到了諸多人生體悟。

　　騎重機時，安全帽底下露出的大波浪長髮是我的象徵，就算偶爾想要把頭髮剪短，也會因為考量到這點而維持長髮，因為不想要放棄脫下安全帽的那一剎那，明顯讓大家知道我是女騎士並吸引眾人目光的小小快感。儘管至今騎得還不甚完美，停車時也會擔心自己出現失誤所以悄悄地躲去角落，但依然想要長髮飄逸。

　　當人生轉成副角色以後，反而看見了能以騎士視角重新詮釋的部分。給人載的時候還以為重機是說停就能馬上停下來的交通工具；但是當我實際自己騎才發現，原來重機的剎車距離並不短，而「重機姊姊」則創造了許多讓我重新檢視人生觀點的機會。諸如每當面臨到問題時，我會

不會因為自行推測剎車距離很短，所以就讓自己轉身背對問題？我是否有充分感知到真正停下來的時間，再讓自己預備好時間停止，充分深呼吸以後再重新出發？最重要的是，我是否有像騎在重視安全的重機上一樣，回顧著至今自己走過的人生？

騎車時還有另外一件事情很重要，那就是視線處理。我的「泰娜」會依照我所觀看的方向行駛，泰娜是我幫那台重機取的小名，泰娜的眼睛就是我的眼睛。這就和每一種運動都依照視線擺哪裡而出現反射動作是一樣的道理，所以我絕對不會忘記自己的視線會成為泰娜的移動方向。

在上坡路段過彎時，要是不趕快管理好視野，就會體驗到什麼叫做車子衝向峭壁。當心臟糾結在一起的那一瞬間迅速撇過頭去，就能又再度存活下來。由於是關乎自身安全與性命的事情，所以在我還是超級菜鳥的時候，騎車簡直就是一項極限訓練。雖然現在也沒什麼不同。

我們要好好檢視自己的視線是否精準觀看著人生目標。假如盯著莫名其妙的地方認真駕駛，就很容易出車禍，要明確直視自己的目標，專注視線並駕駛才行。

假如不把視野放遠，便沒有任何東西能保護置身在馬路上的自己。不僅要看前方車輛，甚至還要能看得見遠處前三個紅綠燈才行。要盡可能看得廣、看得遠，掌握所有路況。我們會根據開拓的視野預測即將要發生的事情並採取行動，所以要將此培養成即便在潛意識的狀態下也能夠進行，才可以達到安全駕駛。

　　我的人生一定也不只是現在這樣，把目光放遠吧！精準預測情勢，持續做自己的事向前邁進吧，銀英啊！

　　或許我是從四十二歲開始騎重機以後才真正成為大人的也不一定，從被人載的人生轉為自行駕駛的人生。

　　副角色和人格面具（Persona）其實是相同概念：我想要展現出來的形象，不論做任何想像也會在那之上的我。多虧有副角色的設定，讓自己有機會可以用不同於「原本自己」的其他性格與聲音過生活。

　　人格面具是想要創造出另一個自己的裝置，在這項裝置中，會重新誕生出自己的一部分，而這個部分同樣也是

自己。人格面具並不是虛假的面具，是人生的一部分，也是自己在努力經營的面貌。

我們觀察同時擁有多個社群平台帳號的人便能理解，每個帳號分別代表日常的我、銷售東西的我、介紹產品的我、美食探店的我等等……，他們知道這些面向都是自己，也都屬於自己的責任。

假如你也有想成為的樣子、想達成的形象，不妨嘗試進行挖掘。設定另一個自己——副角色，絕對會成為發現自身氣場的捷徑。

要懂得享受獨處時光

我所認識的大多數成功企業家都說過，當事業面臨困境時，唯有一個方法能夠存活；那便是儘管內心肌肉早已疲乏導致心理萎縮，但身體肌肉仍在，所以仍然能動起來。身體便是資產這句話，同樣可以套用在企業家、零工或所有人身上。就如同鋼鐵經過冶煉會變得更加堅硬是一樣的原理，從人生谷底好不容易爬上來的人，都是歷經反

覆鍛鍊才終於到達那個位子。

　　登山是即便累死自己也總會有收穫的一項運動。爬山的過程中，會因為太辛苦而難以產生雜念。令人感到快要斷氣的肉體疼痛驅散了內心陰霾，只聽得見自己的喘息聲。隨著默默地不斷爬著，風景就會不自覺映入眼簾，藍藍的天、清亮的鳥鳴聲、花香、斜斜的山路、不小心品嘗到的野生果實等，能夠將我既有的五感統統喚醒的地方正是山。雖然是單純用肌肉的力量爬山，但是要多虧打開的五感與大自然相遇才得以療癒身心。登山的時候，光是呼吸就能夠療癒心靈。

　　據說經歷過事業失敗的企業家，只要運動六個月，就會重拾東山再起的力量。也就是假如身體是完好健康的，不論用任何力量都能讓自己重新站起來；因為要在身體強健的狀態下擁有萎靡不振的心理，是相對困難的。

　　還有一句話是這麼說的，不是因為幸福而笑，而是因為笑而幸福。我將那份笑容的意義解讀成肌肉本身。內心狀態絕對和肉身狀態脫離不了關係，面帶因笑口常開而形成的皺紋，擺出微笑表情，怎麼可能還會產生不好的念頭

呢？對方的表情就是我的鏡子，只要我笑，對方就會跟著笑。內心肌肉與身體肌肉一致的事實，請各位務必要銘記在心。

不只登山，我們之所以要有興趣生活的另一個原因，是有個人興趣的人依賴性也會比較低。其實，我在四十歲前都是以先生為主的人；養育兩名小孩的母親、事業中斷的女性，除了這兩句以外，找不到任何句子可以說明自己。我的眼睛就像熄了火的火炕，黯淡無光；身體則只有維持空殼的狀態，日漸消瘦。雖然先生每月提供的生活費不會不足夠，但是那筆錢也不像自己的錢，怎麼花都難以填補空虛的心。

而那樣的我自從有了自己的興趣以後，從此便打開了不一樣的人生之門。我帶著小時候長期學舞的記憶，對騷沙舞感興趣所以開始接觸學習；自從騎重機以後，看待人生的觀點也逐漸改變。

擁有自己的興趣，就表示擁有可以暫時脫離家人或先生、小孩的時間。因此，我變得有機會了解自己的喜好，

就算沒有人在我身邊也一點都不會感到焦慮，反而能夠度過幸福的個人時光。

我也喜歡高爾夫球。一開始是基於想要穿那些漂亮的衣服而打球，都說做事業的人一定要去打高爾夫，我原以為只是愛慕虛榮的發言；結果沒想到在韓國，高爾夫球的確是許多人用來經營人脈的手段。

我也看過多名企業家表示，自己最困難的時候，是透過高爾夫球結緣的朋友獲得事業上的幫助，才慢慢變得順風順水。原來當你到了鬱悶難解的境界時，球友們就會互相幫忙尋找解決方法。因此，當你身處困境時，運動不只能守護你的身體，也會成為守護人際關係的工具。

有時，我會對未婚的後輩或員工說：

「以後記得要找一個就算他自己獨自一人，也能活得很幸福的那種人結婚。」

我當初就是做不到這點所以磕磕絆絆、痛苦不堪，先生也連帶和我一起辛苦。

你最要好的朋友一定要是自己才行。當你成為身邊不一定要有人陪、互不依賴也能各自幸福的那種人，那麼婚

後也能以丈夫、妻子的角色互相尊重，幸福美滿。

　　對他人依賴度高，獨自一人什麼事情也做不了的人，會使自己和他人都失去活力。隨著年齡增長，興趣就會是最需要的時光旅行工具。有時候，認真做某件事情時的那份幸福感，到達忘我境界的那份專注投入感，會比任何冥想或心靈訓練來得更有幫助。

　　我希望自己能說出「我有喜歡的事物」及「我的興趣是什麼」，也想要盡情享受儘管一個人也很喜歡的那份祕密樂趣。

運動是人生的必要元素

　　我們看那些旅外的明星運動選手，會認為他們都聰明過人，雖然整日埋首訓練，卻仍抽空學習語言，接受外國媒體的訪問也對答如流。尤其如果是團體性質的運動項目，還會綜合團員之間的合作力、適應力，或者比賽時的判斷力、與教練團的關係等，所以能夠長時間活躍於海外就表示是相對傑出且聰穎的。

媽媽們最想要為孩子做的事情之一便是大腦開發。大家都很樂意送小孩去上頭腦會變聰明的樂高、西洋棋、圍棋等補習班，熱門程度一點也不輸國、英、數補習班；除此之外，也會嘗試餵小孩喝聰明湯或紅蔘等健康食品，做各式的努力。

　　然而，其實有另一種更重要的大腦開發方法，那就是動動身體。只要身體沒有被喚醒，大腦也就不會醒來；嬰幼兒的身體發展指標正是充分展現了這一點。

　　人類所有的感覺其實並非由感覺器官去感知，而是由大腦計算。當感覺受到刺激，就會將感覺資訊傳至大腦，於是大腦再重新組合，不斷命令身體去做動作。

　　大腦全領域均衡發展的時期，也就是零到三歲期間。通常這段期間情緒與情感會發展旺盛，三～六歲則是與性格、道德感、宗教性等有關的前額葉非常發達，所以會從事性格發展為主的活動，而這也是為什麼這個時期的小朋友要送到幼兒園或幼稚園參加團體生活的理由。觀看、聆聽、觸摸等，透過這些感官體驗活動進而長成一個人。

　　長輩們身體活動變遲鈍時，通常都會建議他們去做失

智症檢查。因為大腦如果無法下正確指令的話，人的身體就無法正常從事活動，所以對於老人來說，這是非常重要的信號。

那我們呢？要不斷地藉由運動來活動身體的理由，便在於此。

二〇一七年，一連串難以說出口的事情發生在我身上；從年初就發生許多翻轉日常的事情，在那個年紀迎接了一段驚滔駭浪的時期。其實沒有經歷過青春期並不是一件值得炫耀的事情，因為那是必須經歷的階段；就如同嬰兒要先會用肚子推動身體向前爬才有辦法站起身一樣，最終在跨越四十歲門檻之際，讓我嘗到了「發瘋總量的法則」滋味。

但是能讓我依舊健康穿越當時那條漫長隧道的因素，都要多虧「運動」。好不容易走到隧道出口的現在，也仍堅持運動。

我曾經好奇，為什麼年長者都喜歡往山裡走，後來自己也是在山裡得到了身心修復。每天只要一睜開眼睛，我就會穿上登山靴往冠岳山走，通常都是選擇從果川方向上

去的石頭山路線。沿著石頭攀爬上去，身體自然會得到伸展，每一塊肌肉也都會運動到，要將自己的身體緊貼在各種形狀的石頭上，並維持力量均衡，才有辦法爬上去。

我不發一語，默默爬山，流著滿身大汗，爬到山頂上再迎接徐徐涼風，看見天空光芒的瞬間更是無比幸福。我就是這樣度過那段困難時期。

只要時間允許，我就會前往漢江，儘管對於自身處境感到困惑，只要去到那裡，就會讓我有一種自己生活在全球最佳城市的感覺。我好喜歡漢江，拿著一片 SUP 槳板漫無目的地划槳，一路向下漂到清潭大橋以後，再一邊仰躺在槳板上一邊欣賞天空。我朝著經過的地鐵揮手，發現我的乘客也會對我揮手。

我一邊划槳，一邊感受著水流方向、下雨過後更強烈的水勢、宛如挖土般將水向後推的動作、腰間肌肉的變化等，度過一段與自身獨處的時光。

我也曾在漢江上漂浮過四小時，在感受到清澈江水宛如漆黑大海的那天、我的內心有如漢江般深而險惡的那天。我因為實在太害怕那份想要落水的心情，所以連忙划

槳離開那片江水。

　　人生在世，總有不如意的時候；痛苦對於每個人來說只是內容上的不同而已，統統都是百分之百完整的痛，沒有誰比較痛。我不忘當時拯救自己的是身體運動，並遵守延續至今。

　　當精神飛到仙女座星系時，我會暫時放下一切，繫好鞋帶，走出家門。先跑再說吧。跑起來就會發現已經不一樣了，即便只是細微的不同，也已經有所改變。所以我會抓著這一點，重新打起精神，努力撐下去。

　　不論任何時刻，運動絕對都是正解。

防止否定自我的提問

❶ 回想發生左右為難的事情時，自己是如何面對處理的？

....

❷ 有哪些人願意相信你並且追隨你？

....

❸ 試著回想自己可以不受習慣所侷限、自由自在去做的事情。

....

❹ 試著回想自己至今擁有的職業頭銜，假如沒有頭銜，不妨想想自己想要擁有何種頭銜？

....

❺ 在你的人生中，社會地位和職業分別代表何種意義？

....

❻ 對於現在的你來說，最重要的是什麼？

....

❼ 試著回想自己的人生巔峰在什麼時候？

....

❽ 至今為止，做最好的事情是什麼？

....

❾ 是否有地方需要你發揮目前擁有的才華？

....

❿ 試著將至今為止支撐自己的哲學、觀點、展望、名言等，統
　 統寫下。

....

第 3 章
展現自我氣場的
方法

了解自己的體質，就能看見原本難以理解的想法與行為解答。接下來，我們就透過這章內容一同了解演出帥氣自我的方法吧！從需要避免的顏色到經常使用的香氣，培養有益的習慣並做出正確的決定，讓自己維持健康生活。

比起犀利的理性，心臟總是眺望更遠處。

__維克多·弗蘭克（Viktor Frankl）

◆ 　　　　　　　　　　　　我可以選擇自己的一切

嗓音也可以透過訓練改變

　　我們如果生氣到崩潰的程度就會說不出話；這時我們
會氣得啞口無言，聲音也出不來，通常會用喉嚨鎖住導致
語塞來形容這種情形。究竟為何情緒崩潰時，聲音會先縮
回去？我想是因為臉部表情還能勉強擠出笑容，但是鮮少
有人可以用聲音假笑的緣故。雖然人的聲音肉眼是看不見
的，但是比臉部更能顯現情感的正是對方的嗓音，因為聲
音是藏不住情緒的。

　　試著回想講電話的情況。撥打電話前，你一定會事先
準備好當下能夠發出的最好聽聲調。儘管看不見對方的
臉，純粹靠機器傳達聲音，但你還是會一邊期待對方的反
應，一邊整理好自己的嗓音。彼此會透過聲音去感受並做

出回應。就算沒有看著對方的臉，只要我是笑著說話，對方也自然而然會笑著說話，聲音的鏡像效應一點也不輸臉部的鏡像效應。

聲音會比光還要快速襲擊人心。據說視覺的反應速度是 0.17 秒，聽覺的反應速度則是 0.13 秒；雖然光的速度比聲音快，但是大腦在處理視覺資訊上會需要更多時間，聲音反而會更快被傳達。

假設有一天早晨，某個路人經過時撞到了我的肩膀，卻連一聲道歉都沒有就揚長而去，我一定會心想怎麼一大早就這麼倒楣，公司同事則會透過我鬱悶的嗓音察覺到我一定是發生了什麼事。而我也會不自覺地傳遞出「我現在心情很糟」的信號，暗自期待同事們可以主動發覺並安慰我或鼓勵我，然後把想要重新回到平常心的心情嘗試帶進嗓音裡。

嗓音可說是最能快速傳達情感的工具。雖然如今是形象時代，但是嗓音的競爭力比外貌競爭力還要高。

演員秀愛有著清純的外貌與中低嗓音，即便身穿中低價位的衣服也會被人誤以為是精品，有著優秀的穿搭品

味，是至今仍然備受民眾愛戴的演員。當她在二〇一〇年榮獲青龍電影節最佳女主角獎時，擔任女主持人的演員金憓秀以「從美麗的演員躍升成有力量的演員」來介紹她出場，這句話不就表示秀愛正在打造屬於自己的氣場嗎？美麗是可以套用於所有女演員的，但是有力量可不是那麼容易就能套用於某個女演員。

尤其秀愛的嗓音在柔弱或高亢的女演員嗓音之間，儼然成了非常亮眼的魅力武器。有別於外表散發的女性魅力，安靜沉穩的語調反而容易使人感到意外、想要專注聆聽，其固有的音色反而成了打造氣場的重要因素。

嗓音只是吸入的空氣通過聲帶時所產生的振動而已，究竟為什麼會帶有特有的情感與氣息呢？嗓音是藉由呼吸吸入的空氣、空氣的量、聲帶的晃動、口腔內部空間的模樣組合而成，當它準備衝出口腔外時，再透過嘴唇進行最後的塑形。由於這一切時時刻刻都會產生細微變化，所以透過嗓音可以感受到一天之內變化數十次的情感，兩者自然有著密切關聯。

男性與女性的嗓音大略區分得出來。男性的聲帶粗又

長，女性的聲帶則相對薄而短，就好比同樣都是弦樂器，小提琴的琴弦也比大提琴的琴弦細，所以聲音相對輕快纖細是一樣的道理，女性的聲音比男性更為輕巧。

喝下氦氣後開口說話，就會發出不同於平日的嗓音。用氦氣填充的氣球之所以能馬上飄上空中，是因為它比空氣輕。而隨著比空氣輕的氣體進入氣管再吐出，通過聲帶時就會出現非常輕盈快速的震動，進而使嗓音變形。擅長模仿他人嗓音的人，往往都是留心觀察、重複訓練這種發聲過程、按照自己想要的方向去調整聲音並提升該項技能的人。

只要知道簡單的原理，嗓音也可以透過訓練達到光憑意志任意切換的境界。說得更精準一些，表示音色是可以自行打造的。只要透過情感、意志、心態調整，就能擁有比形象更重要的嗓音競爭力，何其幸運啊！

那麼，究竟該怎麼做才能訓練出自己想要的嗓音呢？

第一、嗓音即為內心色彩。

嗓音基本上是靠振動出聲，也就是從身體產生共鳴所

發出來的聲音，是大腦綜合自己現在的身體狀態與心情等，所下達的指令。儘管我們可以擺出撲克臉，卻發不出撲克音；我們可以在臉部進行整形手術，嗓音卻無法。雖然現在 AI 技術發達，可以擁有自己想要的嗓音，但都還是要透過錄音或機器才能夠辦到，實際嗓音只要自己不去訓練就不會有所改變。

這就是為什麼如果想要守住嗓音，就要先進行情緒訓練的原因，因為嗓音其實就是情緒的顯現。嗓音訓練需要的不是技術，而是心理。過分大聲的嗓音、過度激動的嗓音等，都會使聽者心生警戒；反之，讓人聽不太清楚的微弱嗓音，則容易使聽者心生懷疑。假如不太了解自己的內心正處於何種狀態，或者難以控制自身情緒的話，嗓音就會赤裸地把最真實的自己呈現出來。

假如你正因為一件心煩的事情而煩躁不安，卻臨時接到一通電話的話該怎麼辦呢？我會瞬間變成《變身怪醫》裡的主角傑克，切換好人格再接起電話。

「是～好久不見～您最近好嗎？」

我會像春天漫天飛舞的櫻花花瓣那樣，笑容可掬地講

電話。雖然可能會看起來像個怪人，但就是需要這樣訓練自己隱藏情緒，做出符合當下情況的應答；畢竟對方在撥打電話時也不曉得我的情況，何必把對方也拖進我的負面情緒當中，讓對方認為自己不應該打這通電話或莫名其妙被掃到颱風尾。

　　這十年來打電話給我的人，沒有一個人聽過我用真實嗓音說話，一律都是用提高過的音調，那是我為了提高平時安靜偏低落情緒所進行的訓練。就算置身在難以脫困的處境，也依然努力將生動感、愉快感、甜美感帶入嗓音裡，這不是為了隱瞞自己的真實處境，而是認為沒有必要讓對方知道「我好累」。

　　第二、經常大幅度地張動嘴巴。

　　由於我的肺部比較弱，所以游泳課總是全班最後一名，我會氣喘吁吁，老是忍不住暫停下來。我的呼吸短促，吸進體內的空氣量偏少。因此，光是要吸吐空氣都已經很不容易了，還要大聲對話更是難上加難。我就像其他少陰人一樣，說話音量極其小聲，甚至是聽不見究竟在說什麼

的程度。

然而，我私心想要有宏亮的嗓音，因為非常重視和朋友們歡笑閒聊時得到的幸福感，所以更想要提高自己的音量。所幸我的嘴巴偏大，所以我開始嘗試感受吸入的空氣在口腔內循環後再吐出嘴巴外的過程，此外也經常將嘴巴「啊」的張大，進行頸部運動。儘管看起來不是很美觀，但仍嘗試將嘴唇變化成不同形狀，偶爾想到就動一動。

我想像空氣沿著喉嚨攀升，再填滿口腔，停留在舌頭和牙齒之間；若要確保較大的空間，就不能讓喉嚨和嘴巴肌肉緊張。換言之，整個身體都要放鬆才行。雖然最終就是要回歸到心理層面的意思，但是倒過來先放鬆嘴巴肌肉、旋轉頸部、拉筋伸展，也能夠舒緩內心肌肉。而最後關卡是將嘴唇變化成各種形狀，盡可能提高臉頰肌肉，做出嘴唇上揚的動作，讓說話的嗓音從微笑的口形發出去。另外，要一邊練習一邊想像聲音會射向對方，而不會被環境音吃掉或消失無蹤。

我現在的嗓音和以往截然不同，是那種許久未見的人聽到會嚇一跳的聲音。

第三、說話時保持微笑。

不是只有臉部有表情，聲音也有。都說不打笑臉人，人們面對微笑的嗓音也會變得格外親切。

最近為了更改辦公室格局，做了緊急室內裝潢工程，由於時間緊湊，工人們吃足了苦頭。我看著他們滿臉厭煩，總覺得是我的問題，所以不免有些愧疚，但我還是鼓起勇氣，用高亢的嗓音笑著大聲向他們問好：「大家好！」頓時氣氛也就變得沒那麼低落了。面帶微笑的臉部肌肉所發出的嗓音實在不同，會發出心情愉悅的聲音。

就如同每天早晨化妝調整肌膚色澤、選一條顏色漂亮的口紅塗抹，讓自己散發魅力一樣，試著打理好自己的嗓音，套上屬於自己的色彩，點亮周遭吧！希望各位也可以一點一點努力嘗試將垂下來的嘴角拉提上揚，再發出聲音。就像找尋自己的專屬色彩一樣，將自己的色彩也套用於嗓音上。選擇今天的嗓音，就能選擇今天的情緒。

穿搭是屬於自己的
創作藝術品

　　對於女生來說，穿搭是那天的創作藝術品，也是不可取代的療癒工具。只要早上穿出去的服裝不甚滿意，那一天就等於整個泡湯了。假如是需要為了開會或約會而身穿正式套裝、腳踩高跟的話，晚上就很容易累到癱軟；原本想要讓自己顯得活潑可愛而穿著休閒，結果被人問說是不是從家裡出來，就會瞬間感覺自己成了穿搭白癡。

　　尤其是在商場上或者交友的場合上，決定一個人的第一印象往往就是穿著打扮，所以自然會花較多心思。第一印象的機會不僅一次，還會快速瞬間烙印在對方的腦海裡，所以通常第一印象不佳也難再好轉。

　　第一印象大部分是由視覺元素決定。有個由加州大學心理學名譽教授艾伯特‧麥拉賓（Albert Mehrabian）發表的心理學理論叫做「麥拉賓法則」（the rule of Mehrabian）。當我們第一次見到某個人時，是憑藉 55% 的視覺、38% 的說話聲音，以及 7% 的對話來認識對方。換言之，這套理論證實了第一印象當中視覺效果占了多大的比重，所以愈是重

要的場合，愈要將自身性格、想傳遞的形象與訊息放入穿搭當中。

當初為了讓「DIAMIND」珠寶上市，和企業代表理事初次見面的那天，我希望自己可以看起來顯得更有美感、大氣、有分量，想要以商業夥伴的身分讓對方有信賴感，因此，那天我選擇身穿一席紫色套裝，雖然透過無袖背心露出的長袖會顯得有些大膽，但因為是自己最喜歡的一套衣服，所以每次穿都會提升自信。

紫色其實是非常難駕馭的顏色，過去在歐洲甚至是只有皇帝或貴族才能使用。若要用天然染料染出一條紫色布條，需要龐大人力與資金，所以只有最上流的階層才有機會使用到紫色，象徵著優雅與高貴，唯有在戰爭中勝利、凱旋歸來的將軍才能披上紫色的披風。而我為了凸顯這樣的象徵，所以選擇身穿紫色套裝，只為展現我的活力與果斷力，我也絕對會像凱旋而歸的將軍一樣得意洋洋、意氣風發地回來！

由此可見，每天的穿著都會依照當天要見的對象與從事的事情性質，進行策略性的挑選，而且還要符合流行趨

勢，因為一旦穿著看起來像跟不上流行的人，就會顯得落伍。只要遵守通用於所有人的以下幾個原則，就能演出既符合潮流又有品味的風格。

第一，發掘屬於自己可持續使用的單品。

觀察那些被稱為精品的傳統服飾公司，都會有自己專屬的經典色系或單品。儘管準備幾億韓元等待也難以買到的愛馬仕包包，不僅包包有名，經典的橘色紙袋或禮盒更是在女性腦海中烙下深刻的印象，那個顏色任誰看都會知道是愛馬仕的包裝；香奈兒 No.5 更是跨世紀的香水代名詞。那麼，我要用哪種單品來打造自己的經典呢？

假如是非常喜歡牛仔褲的人，就可以從破洞造型的牛仔褲到西裝外套也適合搭配的牛仔褲等，各種款式都準備一條。膝蓋清晰可見的破洞牛仔褲就算是由服裝搭配師來搭配，也很難和西裝外套搭配，因此，需要另外準備一條能夠看起來像正裝的牛仔褲才行。比方說，假如現正流行寬版高腰西裝褲的話，就可以準備一款類似這種款式的牛仔褲。如果是容易被人說「天啊，那是去年流行的款式欸」

這種牛仔褲的話，不妨再仔細考慮一次才購買。那麼，這種人能持續使用的單品就會變成是牛仔褲。如果要再提醒一點的話，不妨想想看自己十年前是否也買過類似的單品，十年後是否還能拿出來穿等等，就能幫助自己更容易決定是否該買回家。

第二，比起衣物本身，不妨開發造型單品。

有些人會格外重視襪子的搭配，從及膝襪到長襪、五顏六色的絲襪，到兩隻不同顏色一組的條紋腳踝襪，什麼款式都有；還有人是非常在意內衣，抱持著假如沒有穿一套像樣的內衣，就算外面穿多麼昂貴的衣服也難以凸顯風格的信念；另外，也有人視包包如命，就算經濟條件不佳，也會認為只要拎著好包出門，處境就會很快好轉。

其實每一種單品都能提供其固有力量，尤其在服裝穿搭上也會有同樣效果。脖子較短的人，可能會懂得利用絲巾圍住頸部；個子矮小的人，可能會備妥五顏六色、不同功能、不同季節的高跟鞋也不一定。只要擁有屬於自己愛用的造型單品，那就會成為代表自己的象徵，其他人要送

你禮物時，也會很容易想起這項特色。

這種造型單品或穿搭單品甚至比想像中還要來得經濟實惠，因為只要購買一次，就能搭配各種服裝，可以長久使用。有一點要小心的是，飾品要盡可能避免衝動購買，先想好能怎麼搭配再做選擇，因為實在遇過太多情況是被亮晶晶的外表吸引購買，但放了好幾年也從未使用過。

第三，備妥基本單品。

A 字形短裙或直筒長褲、針織外套、Polo 衫等，都是屬於姊姊或朋友的衣櫥裡一定會有的單品。正因為是最基本的款式，所以要先發掘成自己專屬的基本單品，將其備妥才行。打扮得符合潮流和追趕流行，兩者有著稍微不同的解釋餘地。從材質到顏色、尺寸，假如能擁有最適合自己也最舒服的單品，緊急需要外出時就會很實用。這種品項可以多投資一點錢，選擇購買較好的材質。

第四，要穿得符合自己的年齡。

不要為了讓自己看起來年紀小或顯年輕而過分用力打

扮。各位是否還記得前外交部長康京和的那頭銀髮呢？黑白頭髮自然融合在一起的樣子，從遠處看會顯得很像銀灰色，給人帶來新鮮又強烈的印象。當時康長官在一場輿論訪談中表示，「在我工作的地方（UN），沒有人會注意我的髮色」，並主張「不希望用其他東西來遮掩我原本的樣子」。

在看到一位身穿迷你短裙、有著一頭飄逸長髮的六十歲女性走在路上時，有多少人會覺得她散發著與年齡相符的品味和氣質呢？世上絕對沒有任何女性是努力讓自己看起來顯老的。每個女人都想要顯得年輕，很多時候，心態上也會把自己想成是二十幾歲的妹妹，可能也是因為如此，女性才會是可愛的存在。儘管如此，也不能模仿真正二十多歲女孩的穿著打扮。

平時先充分了解自己的外表模樣，再擬定適合自己的穿搭策略，就能成為展現自己的策略與體現自身的人格。光靠穿搭也能毫不遜色地完整呈現自身氣場。

走路步伐是態度的精髓

以亞歷山大技術聞名的物理治療師吳夏申先生，在自己的著作中主張，一切都取決於姿勢。

許多人有著就連大學附設醫院都放棄的嚴重腰痛問題，或者長期被不明原因的痛症所折磨。除此之外，也有因併發症而經歷憂鬱症的人、受交通事故後遺症所苦的人，統統都是透過一般性的治療看不出效果差異，導致不停更換醫院接受治療。然而，驚人的是，這些患者都有一項共同點，「姿勢」不良。一旦姿勢不良，身體的荷重就會失衡，關節與肌肉功能低下，壓迫臟器、神經、血管。……（中略）因烏龜頸或蝦子背所導致的慢性痛症還會衍生出憂鬱症或壓迫到臟器，進而誘發呼吸器官與循環器官疾病，而這類型的案例層出不窮。換言之，光是矯正姿勢就能將問題全部改善，而錯誤的姿勢大部分都來自於太過緊張。

根據他的主張，姿勢是萬病的根源。的確，不是都說

如果用正確姿勢過生活，就會影響全身，甚至還能找回隱藏的一公分身高嗎？

不妨用行走在紅毯上的感覺，宛如電影主角一樣把腳步邁開得大一點。再多五公分就好。即便沒有觀眾也無所謂，想像自己是受邀出席典禮的電影女主角，用最美麗又優雅的姿態走在紅毯上。

就好比盛在不同碗形裡的水會變成各種形體一樣，假如彎腰駝背行走，自然也會帶著適合該姿勢的情緒與想法。為了設計出自己想要的人生，不妨將身體這項容器打造得更為端正、優雅、有自信。

假如毫無意識地隨意而站，會發現自己的腳尖是朝外的，當腳尖朝外，身體便難以使力。隨著緊張感消失，腹部也會變得柔軟無力，走一點點路就會感到疲憊。不僅身體會變得愈來愈重，也會愈來愈怠惰。一旦身體變得沉重懶散，就會動不動就想要坐著，光是走一點路就會氣喘如牛。這是什麼症狀呢？沒有錯，就是老化。假如不像模特兒一樣抬頭挺胸繃緊身體走路，就會很容易變成老人的步伐。雙腳腳尖朝外走路會使人加速老化，尤其女性走路

時，如果雙腿不用力，更年期時骨質疏鬆症找上門的機率會更高。

體質偏潮濕的少陰人，肩膀往往比較窄、下垂、向內縮，容易給人一直被什麼東西壓著、沒自信、陷入苦惱的印象；實際上也是屬於比較愛胡思亂想的類型。由於胃、心臟、腸子等器官都相對較弱，所以會本能地為了保護臟器而蜷縮身體或包覆身體。

身體向前縮，走路腳外八的人，不妨先從把腳向前對直走路開始練習。我總是會想起自己聳肩、脖子向前傾的模樣，因為會擔心自己又不自覺變成那種姿勢，所以總是想像頭頂上有個人在拉著我，抬頭挺胸收下巴。假如不時時刻刻叮嚀自己，就會不自覺地又以懶散的姿勢走路。最終，我們能做的只有重新調整好姿態。假如發現自己又鬆懈了，就再重新繃緊身體，每每想起就立刻調整，讓自己養成紅毯明星般的好姿態。

穿襪子或絲襪時，挑選腳底有防滑的款式也有助於走路，並且多模仿模特兒走臺步訓練，也就是把兩本書放在

頭頂上，在家中練習來回行走。

有意識地拉開走路步伐，就會用到許多肌肉，使肌肉充滿活力。你可以感受到臀部肌肉使用時的收縮變化，促進血液循環，進而導致心肺功能變好，身體也更能抓穩重心挺直。

光是想像這樣的走路姿勢，就能有助於矯正步態。我們的內心因為沒有重量、形體，所以改變的過程往往並不明顯；但步態是從姿勢、步伐，甚至到輕快感都會有肉眼可見的變化。

假如姿勢老是難以維持端正，不妨在家利用毛巾或長絲巾，將背部交叉綑綁。市面上也有推出許多矯正肩膀的繃帶，有助於讓人維持抬頭挺胸的姿勢。

然後坐在椅子上時，不要抬起腳後跟，雙腳之間夾一本書，讓自己維持舒適又端正的姿勢，隨時隨地都要留意避免踮起腳尖。

光是實踐以上這些注意事項，就能得到美麗曼妙的步態。不僅如此，也有助於強化腰部肌肉。

你也希望在大家的心目中是一名好人嗎？還是你錯把

成為一名好人當成是某種高度的精神領域或難題？步態是演出自信氣場最容易的方法，至少我還沒看過走路端正卻讓人留下壞印象的人。找麻煩的人、繁忙的人、遊手好閒的人，統統都會從步態顯現得一覽無遺。

希望各位也可以重新想想看，自己今天是用哪種步態走路。

表情是情緒的出入口

最漂亮的臉是自然微笑的。面露燦爛笑容時會比生氣猙獰時還要動更多臉部肌肉，臉部肌肉大部分是受第七個大腦神經也就是所謂顏面神經所控制。臉部肌肉做出的表情來自於大腦，而大腦又是基於內心所啟動。因此，我們可以透過表情窺探對方的內心。

人的臉部有四十三種肌肉可以做出表情、表露情緒。平時假如經常使用這些臉部肌肉，使其活絡的話，就算是在需要刻意演出的情況下，也能做出多樣且自然的表情。因此，拍照時的自然微笑，是來自於平時經常面帶笑容。

每當我瀏覽 Instagram 上的照片時，總是會羨慕大家的表情和姿勢怎麼可以那麼自然，這些人的共同點都在於，愈是經常發布照片的人，臉部表情和動作姿勢愈自然，表示有經過大量練習。不論是表情還是姿勢，都會愈練習愈自然。背著側背包回眸一笑其實也都是靠勤於練習，為了拍那一張照片，應該在鏡子前演練過無數次。假如平時拍照會認為只有自己的笑容很僵硬的話，其實是可以透過練習變得更加自然。

根據美國心理學家保羅‧艾克曼（Paul Ekman）表示，人類的微笑有分真實與虛假。真實的微笑也叫「杜徹尼微笑」，取自十九世紀初次發現微笑肌肉的神經心理學家杜徹尼的姓名。據說真實微笑與虛假微笑的區分是根據眼周的皺紋來判斷。虛假微笑時，只會牽動到嘴巴周遭肌肉，但是自然微笑時，會連眼周肌肉一起牽動。簡單舉例，只要聯想動了整形手術的人面露笑容，便可輕鬆區分出真實微笑與虛假微笑。

我每天早上準備睜開眼睛時，都會先用手按壓眼眶骨，藉此開啟新的一天。對於被數位機械環繞的現代人來

說，眼睛是需要經常保養的身體部位。透過指壓循環眼周，眼球會變得濕潤舒爽，與此同時，也要像蠟筆小新一樣盡量抖動自己的眉毛。由於白天工作時會受地心引力的影響，使臉部不斷下垂，所以要做出把眉毛和額頭往頭頂方向上提的動作。臉部做愈多整體向上的動作，就愈能保持童顏。不妨試著平躺五分鐘，按壓揉捏一下臉上的各個肌肉。

孩子們只要一笑，顴骨就會突出，臉頰肌肉上揚，經常做出這種表情就是維持童顏的祕訣。隨著年紀增長，臉頰肌肉會逐漸消失顯老，假如不去有意識地使用臉頰肌肉，就會退化得更快速。女性朋友們最害怕的就是法令紋，而這兩條紋路不只需要保養唇周，還要笑口常開，將臉頰肌肉向上提，才不容易形成。

最簡單的臉頰肌肉運動是吹氣球姿勢。彷彿要吹氣球似地，將空氣充滿整個臉頰，然後將口中的空氣上下左右來回滾動十～十五秒左右。一下鼓起右臉頰，一下鼓起左臉頰，一下將空氣塞滿在上唇與牙齦之間，一下則將空氣送移至下唇與牙齦之間，用這種方式將空氣送往口腔各個

角落。這時要注意的是不能讓空氣噗哧一聲洩露出去。晨起時，請務必做這項臉部運動至少五分鐘，臉部運動會促進臉上的淋巴循環，快速消水腫。

也別忘記用手按摩。早晚洗臉時，由臉頰下方往上按壓，去感受臉部肌肉，並使輪廓變得更為清晰。

當臉部肌肉隨著老化逐漸退化，就會同時失去做出各種表情的能力。我們會本能地對讀不到表情的人提防戒備，因為難以預測這種人到底在想什麼，所以會不知道該做出何種反應。若要做表情，就需要大腦下達指令，而大腦的指令又與心理有直接關聯。不論是雞生蛋還是蛋生雞都不重要，我們要將大腦、內心、表情這三者視為一組，先來練習把嘴角上揚吧！

✦　　　　　　　　　　# 我可以安撫、鼓勵自己

了解體質就容易了解心理

在韓醫學裡，有各種理論將人類區分成不同體質：四象體質、八體質、十八體質等，整理出各種依照身體特質增強臟腑的方式。

有些人會直接否定理論，認為世界上有八十億人口，怎麼可能只分成幾種類型。這樣的想法本身沒有錯，光是每根手指頭的指紋都不同了，豈能將人類歸納分類成區區幾種類型。不過假如是從統計層面來看，體質分類並不全然是荒誕無稽之談。就好比會將嫩粉色、鮭魚粉、玫瑰粉、桃紅色等統統歸類為粉色是一樣的道理；從人們的特質蒐集到的資料當中找出的共同性質，即為體質。

韓醫學提到的體質，和現今流行的 MBTI 十六型人格測驗有一部分是截然不同的，那就是不會依照測驗當下心

情而使結果出現變化。由於是長時間蒐集眾人的特徵與行為模式所找出的共同特質，所以不會因為心情或情況而出現某種類型更突出的情形。MBTI 是沒有比較對象的類型區分，四象體質則是帶著明確的特徵找出比較群，這點是兩者之間最大的差異，而這樣分類的結果也可以看作是相對穩定的。

從西方傳來的性格類型測驗，是為了分析人類的心理而將注意力放在人類的行為，即著眼現象上。反之，東方的體質理論則是將焦點擺在身體特徵、行為模式、過去病歷等等，也就是一個人的總體本質。這點也是不容忽略的差異。

我在各種理論之間，受到李濟馬的四象醫學體質論與嫁接了現代人心理學類型的柳宗刑博士所撰寫的《四象體質心理學》最多薰陶與影響。由於是在四象體質中增添了心理因素，使其內容變得更為豐富，所以幫助我拓展了過往在四象體質中感到欠缺的部分；也就是有關人類的理解，到底該如何對待、接納、包容他人，為什麼只能有這樣的想法與行為等，關於這些最原始的問題。

我是用季節來理解人類，這是我自行開發出最容易理解四象體質心理學的方法。在四季分明的韓國，用季節來解釋當事人的性格與特徵，多數人都會很容易理解。

　　擁有春天特徵的人是少陽人；夏天特徵的人是太陽人；秋天特徵的人是少陰人；冬天特徵的人則屬於太陰人。當然，每個人不會只有一種季節特徵，大部分都有著和該季節一樣明確的主要屬性或體質，再摻雜著一些和換季期一樣鄰近的兩種性格特徵，其中也不乏有人是歷經高度的心靈修練與身心鍛鍊後，自由自在運用四季特徵的。

　　希望各位不要因為自己有接受過四象體質診斷，就斷定自己只有某個季節的特徵。我們每個人都同時具有四種季節的某些特徵，只是找出其中最明顯的特徵會更有助於了解自己罷了。

　　在進行體質與季節比較時，可以發現絕妙吻合的特徵。只要想起春天，腦中就會浮現讓人想要出門的好天氣，每天都會看見萬物生長，一切都穿上新衣重新誕生，少陽人的特徵就是如此。富含好奇心、喜愛玩樂、對萬事

都感興趣，所以不太容易察覺到對方的心情，自顧自地開花。這類型的人與其說是不體諒他人，比較像把所有歡樂與關注都聚焦在自己身上。

而夏天又是怎樣的季節呢？夏天的艷陽強烈到足以晒傷肌膚，因此，太陽人有著強烈的性格，足以燃燒身邊的人，是屬於很少見的類型。

秋天則是讓春夏盛開的一切逐漸失去生氣活力、準備離別的季節。果實成熟、準備收穫，早晚溫差大，因此，少陰人比較沉默寡言。就如同準備入冬的秋天一樣，凡事都會為了做好萬全準備而時刻保持緊張。

冬天與太陰人都有一個共同點──「蓄積」。冬天是一年當中最後一個季節，也是醞釀春天的準備期，因此，太陰人就是屬於擁抱一切的人，甚至會讓人認為有點貪心，因為非常會囤積。身體塊頭較大、人高馬大的人大部分都是太陰人。

像這樣簡單說明體質與性格類型，是與人生線索要從哪裡開始解開有直接關聯，要是不理解自己，我們的人生就會無法向前邁進任何一步。若要往自己想要的形象、慾

望、方向發展，就要先站在出發線上才行。

　　打造氣場是把人推向那條出發線上的事情。一切都要先從理解「自己」開始，要是再嫁接心理學的四象體質，就能用更多角度發現自身魅力。

　　社群平台粉專「DIAMIND」就是在這樣的理論背景下，經營著適合每個人的各式各樣課程。強化優點、補足缺點，套用各種課程以後，一同找出隱藏於內在的氣場。

　　打造氣場課程的核心在於找出內建特徵，提出整體形象建議，讓自己能主導自己的人生並向前邁進；等於為能讓彌足珍貴的個體重新開啟自己的人生，往更好的方向邁進而扮演指引角色。

　　首先，你必須先知道自己處於何種狀態。雖然自由自在地掌控自己不是一件容易的事，但是當我們到達某種境界，就會變得不再受他人的視線或社會標準等動搖，堅定地按照自己的意思活下去。

　　此時，喚醒五感的香氛療法或色彩療法，就會成為找到自身氣場的絕佳手段。假如想要停止和看不見的自我戰

鬥，好好成為一體的話，就需要有一段與自己好好對話的時間，但是要在清醒的狀態下呆呆地坐著面對自己，並不容易。

我們都能為了理解心愛的家人或戀人而不惜付出各種情感勞動、服務、經濟損失了，為何卻不願意為自己做點事情呢？運用香氛或色彩，多少可以降低尷尬面對自己的門檻。接下來的內容是大略的指引，希望各位可以再自行多做研究運用，真心懇切希望我們都能幸福。

香氛療法 1：
香味是情緒的守護天使

大腦的邊緣系統負責掌管情緒調節、儲存記憶、自律神經系統等，扮演身體的中央處理機構角色。大腦會處理感覺器官接收到的無數資訊，看過、嘗過、聽過的無數資訊會經過間腦的視丘往大腦傳遞。

在龐大的資訊當中，氣味或香味等嗅覺資訊在大腦進行處理的過程與其他感覺不同。因為嗅覺資訊是沒有中間

處理過程，而是直接傳達至眼窩前額皮質的；眼窩前額葉皮質與扁桃體及其他邊緣系統直接相連，所以在決定情感意義上扮演著重要角色。假如眼窩前額葉皮質受損，據說就會毫無顧忌地做出社會難以容忍的怪異行為。有研究結果顯示，像精神變態者就是幾乎聞不到氣味的；失智症的前兆症狀之一也是嗅覺變遲鈍，兩種情形都表示大腦出現損傷。

　　大腦是可以記憶事件或事實的，但是令人訝異的是，氣味能使人想起當時的情感。根據美國洛克菲勒大學的研究顯示，短期記憶的感覺是觸覺占 1%、嗅覺占 35%。還有研究報告指出，「每天形成的情感當中，有 75% 是因氣味而生」。也許就是因為如此，氣味與過去的回憶有著很深的連結。我們從連續劇、小說、電影也經常可見，離家出走的兒子只要聞到大醬湯或泡菜湯的味道，就會因思念母親而哽咽或眼眶泛淚的畫面；也就是說氣味是一種喚醒情感記憶的媒介。

　　我在家中排行老么，直到國小六年級為止，都還會在放學回家後把臉埋進媽媽的懷抱之間。母親當時的身體味

道與口紅顏色至今還讓我記憶猶新，現如今則換作是我的女兒把臉埋進我的胸口，說著「我好喜歡媽媽的味道」。就如同我到現在還是會從母親的身體味道記憶中，記得她對我的那份愛一樣。我深情擁抱女兒，希望她長大後也能牢記我的味道。

嗅覺與人的情緒有著如此緊密的關聯，因此，在調整情緒方面既快速又有效的道具就是香氣。只要了解一般普遍用法，就能接觸到適合自己的芳香療法。現如今，每個地區都能看見新開的香水工坊。由於每個人的身體發展、環境因素、心理素質等都不盡相同，所以找尋適合自己的香氣來運用即可。

最簡單的方法是點幾滴精油在耳後或手腕。假如有滾珠瓶的話，就可以將芳香精油倒入椰子油當中，像香水一樣隨時補擦。在此，椰子油當成是稀釋芳香精油的基礎油，假如有其他基礎油也可拿來使用。

我有時候會背一個用來作為香袋的超級迷你包包出門，當我有需要專注的事情或需要調整情緒的事情時，就

會選擇這麼做；在車內和家中也會放一台迷你擴香機，滴入自己喜歡的精油味道。就算沒有擴香機，只要在溫水裡滴入幾滴精油，味道就會整個擴散開來，蔓延至周遭。除此之外，也有使用在陶瓷器下方點蠟燭的陶瓷香薰爐。在日常生活中創造屬於自己的香味，其實出乎意外地簡單。

快來一起選選看香味吧。對每個人來說，吃了以後能產生力量的食物都不盡相同，香氣亦是。先了解自身體質，這對於挑選香氣會有許多幫助的。

秋季型少陰人

少陰人往往有消化不良的問題，只要稍有煩惱或擔心事，就會先出現食慾消失的症狀，就算為了身體著想勉強吃點東西，也會因整日消化不良而嘔吐。

我們會用「脾胃真脆弱」來形容生性難搞、容易受小事情影響的人。這句話其實是因脾臟與胃腸功能較弱，所以從性格顯露出不易消化的身體特徵。

脾胃較差的秋季型人，最好使用檸檬或柚子香來提升食慾，促進消化。辣薄荷、綠薄荷等薄荷味也會使心情變

好，有助消化。

除此之外，由於血液循環不良、手腳冰冷，所以推薦使用比較能提升身體暖意的香氣；這類型人往往也體弱多病，平時隨身攜帶能夠增強免疫力的香氣會是不錯的選擇，推薦薑香、乳香、茶樹香。

秋季型人也總是感到孤單寂寞，所以容易憂鬱、不安，需要穩定情緒時，使用薰衣草、玫瑰、依蘭香都是不錯的選擇；對於渴望被愛的秋季型人來說，這些香味都會讓他們感覺自己被愛。

由於我是典型的秋季型人，所以每當發生令人生氣或擔憂的事情時，就算熄燈躺在床上兩小時也會輾轉難眠；這時就會點一滴薰衣草精油在枕頭上讓自己安心入眠。

春季型少陽人

春季型人脾胃發達，所以什麼都吃也很容易消化。春季型人之所以會減肥失敗，是因為永不止歇的食慾，這類型的人消化液分泌旺盛，肌肉量高，所以代謝能力也很好。由於消化食物速度快，因此一轉身又會感到飢餓，隨

時都可以再進食。他們富含好奇心，想要嘗遍世上所有美食。

　　相較於吃下肚的食量，他們屬於不容易胖的體質，只要稍微減少熱量、吃得少一些，就會馬上瘦身有成，出現漂亮的肌肉線條。春季型人最好使用能抑制食慾的香氣，葡萄柚香、薰衣草香都能有助於調節食慾。

　　葡萄柚具有降肝火、淨化肝臟的功效，所以對於熱氣較強的少陽人來說是很有效的。可去除瘀血、減緩壓力，對於容易動怒的少陽人來說，是非常好的精油。春季型的少陽人之所以易怒，是因為自身情感最為重要，所以會在每個不開心的當下直接表露出來，他們重視心情，所以在開始做某件事情時，往往會滿腔熱血，失去興致時又會馬上放下。像這種人在推動一件事情時，最好要提醒自己避免虎頭蛇尾。

　　發現自己動怒時，可以將薰衣草與葡萄柚精油混合椰子油，放入滾珠瓶裡隨身攜帶，只要一兩滴就能馬上找回平常心。

冬季型太陰人

　　這種人屬於肝臟強、肺虛的體質。由於肝臟健康，所以容易給人膽大的印象，也因為肺部較弱，容易有呼吸系統疾病，就算感冒也會最先出現伴隨咳嗽的喉嚨感冒症狀。平時建議多接觸尤加利精油或辣薄荷。

　　冬季型人最大的特徵之一就是即便擁有生性膽大的特質，卻仍有很高的機率罹患憂鬱症。因為他們心地善良，往往能扮演稱職的聆聽者角色，導致許多人會對這類型人以諮商之名，行倒情緒垃圾之實；他們就像大海，容量大所以就算倒一點垃圾也不至於整片被汙染，但是會隨時間慢慢累積。假如自行淨化系統運作不佳，就很容易在某個瞬間直接爆炸，所以在四種體質當中，深陷憂鬱的機率是最高的。

　　身為聆聽者的太陰人，會依照聽取程度而感到疲憊；因為每次都沒有辦法找人吐露低落的心情，建議透過香氛療法，一點一點療癒自己。轉換心情最好的香氣是和秋季型人一樣，推薦橙橘與檸檬香。

而屬於夏季的太陽人體質其實很少見，他們也不是會受香氣左右的性格，所以就不再多談。夏季型人是屬於只要有自己喜歡的一種香味就足夠的那種人。

　　推薦各位可以用橙橘和辣薄荷為基礎在家中進行擴香。橙橘香是無關體質都能給人清新舒爽的心情。假如認為自己不屬於前述提及到的任何體質，那就可以使用橙橘或辣薄荷等自然香氣。就如同前述，我們探討過關於嗅覺的內容所言，在快速轉換心情方面，沒有什麼是比香味更有效的了。

　　市面上有許多像這樣藉由精油引導情緒變化的情緒精油資訊，我相信一定有人會質疑「光憑香氣就能改變心情？」可是我敢斷言，香氣絕對能轉換心情與情緒，因為氣味便是記憶。

依照體質推薦的精油 1

類型	隱藏的氣場	推薦香氣
春季少陽人	無所畏懼地出發 夢幻浪漫與活潑才華的組合 愉快性格與旺盛食慾	葡萄柚 薰衣草
夏季太陽人	不論任何情況都不會動搖的強烈感	橙橘 辣薄荷
秋季少陰人	專注與投入 傑出的眼光 完美的收尾	玫瑰 依蘭 生薑
冬季太陰人	關係中心型 天生的聆聽者 寬廣的包容力與堅強的忍耐力	尤加利 檸檬

依照體質推薦的精油 2

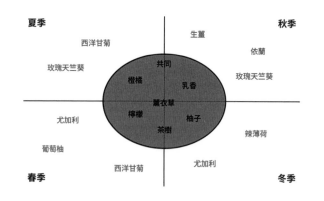

依照情況使用香味的方法

百貨公司為了讓消費者掏錢消費會積極使用香氛，這已經是公開的祕密了。通常將香水與化妝品櫃位設在一樓，就是為了引誘消費者做出感性、衝動的判斷，而非理性消費。某個衣物柔軟精品牌為了進軍韓國、在市場上站穩一席之地，就是藉由香味行銷來達到宣傳效果的；因為在江南中產階級間口耳相傳，據說是在美國留學時期，和投幣式洗衣店裡的味道一模一樣，所以得以快速成長。

至今還沒看過因香味而心情不佳的人，就連吃飽飯聞到香噴噴的麵包味也會使人想買麵包。我們一直都是受看不見的香氣力量影響而生活。

接下來，讓我們了解不同情況使用香氣的方法吧。

有助於談生意的香味

假設是要向投資方進行簡報提案的日子，由於是需要透過簡報說服對方投資的情況，所以從前一晚就開始緊張忐忑，承受著成敗的壓力與責任，也擔心會犯下失誤、發

生難以預期的突發狀況等，被種種焦慮不安的情緒所支配。

這時，要先將自身心理狀態恢復健康擺第一，讓對方認為自己是非常有魅力的人才行。為此，渾身散發的氣息、自信、確信、積極解決問題的態度等，都必須展現給對方看。

前一晚可以滴一滴薰衣草精油讓自己比較容易入眠。早晨起床盥洗完準備出門時，可以用橙橘或檸檬精油來擴香。柑橘系列的香氣能使人醒腦、心情愉悅。然後趁開會一小時前，吸一口滾珠瓶裡準備的檸檬香，喚醒理性、清晰的感覺。開會前將精油直接塗抹在耳後或手腕上的話，更能夠讓對方在感性方面對你激發出好感。

有助於約會的香味

我經常被問到以誘惑異性香水聞名的費洛蒙香水，是否真的有效。費洛蒙是昆蟲之間誘導彼此行為的物質，也是誘導男女在性方面興奮的成分，所以被稱作性費洛蒙。放入香水的物質是萃取自動物的生殖腺，通常只會在同種

的動物或昆蟲身上有反應，所以是否對人類也有用，反而是缺乏科學根據的。關於感知費洛蒙的神經細胞還找不到任何資料，所以不需要被誘惑異性的香水這種行銷手法所誘惑。

找出自己喜歡的香味並且妥善運用，其效果會更為顯著。玫瑰、茉莉、百合、繡球花、水仙花等，花香調對於演出浪漫氛圍還是很有幫助的。

出國旅行時，我買過一款身體油，因為非常喜歡，所以有好長一段時間都會回購繼續使用，那款身體油就是帶有依蘭花的香味。香奈兒 No.5 裡雖然也有依蘭依蘭，但是因為香味獨特，大眾的接受度也容易喜惡兩極。以我個人來說，滴幾滴在身體乳產品裡來使用，會有香味隱約包覆全身的感覺，很不錯；依蘭依蘭對於頭痛和憂鬱症也很有效，需要轉換心情或見朋友時，是我愛用的香味。

儘管不是要和戀人約會，只是想感受愉悅的期待，都可以找能夠讓自己有這種感覺的香味來使用。

有助於安撫壓力的香味

每次生氣動怒完以後，我都會找冰開水來喝；實際上交感神經極度興奮的話，呼吸會變快，心跳會加速，血流速度同樣也會變快。就如同起火了會澆水一樣，喝冰水也是讓身體冷靜的概念。

香味當中，也有像冰開水一樣能夠快速引發自律神精系統變化的味道，最常使用的香味便是橙橘香。各位一定都有把鼻子湊到橘子或柳丁皮上試聞的經驗，酸甜的香氣會讓人不知不覺有好心情，柚子香也是生氣時嗅聞有助於緩和壓力的香氣，使人轉換成清爽的心情。大致上來說，柑橘系列的香味都具有鎮定心神的效果。

精油的等級天差地別，是連專家們都難以全然了解的程度；價格差異大，價值標準也不明確，對於一般人來說會覺得進入門檻偏高。

在精油按摩店裡使用的精油品質如果比較差，就會感受到肌膚表層滑滑的、有一種難以呼吸的悶感；真正優質的按摩精油則是即便不清洗也會自然被肌膚吸收進去。

按摩精油會依照當天的心情與身體狀態而選擇不同的

香味；疲憊、憂鬱、需要充電時，香檸或尤加利精油都是不敗的選擇。

有助於改善失眠的香味

沒有什麼事情比想睡卻沒睡好還要更令人苦惱的了。秋季型人往往因為生性敏感、心思細膩，所以對自己的身體狀態十分敏銳，容易有失眠問題。失眠的日子不論如何都是有狀況的，可能是有生氣、悲傷、厭惡、不舒服的情緒，但老是去鑽牛角尖那種情緒，就會睡意全消。

負面情感是如灰塵般的存在，愈是要抖掉它，愈不易脫落；反而選擇置之不理，才會在不知不覺間消失無蹤。重要的是養成觀望、放下的習慣，但要先將身體交給充分的睡眠、安穩的狀態才行。

試著噴一點墨角蘭或薰衣草香味在枕頭邊角，或者透過擴香的方式讓室內充滿這些香味，用舒適的心情上床就寢，相信有助於整晚熟睡。

誘導減肥瘦身的香味

我是平時會做重訓的人，甚至被人說是病態減肥的程度。都說年紀愈大，身上的肉就愈不容易瘦下來，的確是如此。要比以往努力十倍以上才有辦法回到原來的樣子，畢竟隨著年齡增長，身體功能整體來說也會下滑，所以是理所當然的事情。

「不變胖就是最棒的減肥！」

若要做到這樣，平時對待食物的態度就很重要，要一直思考是否將身體變成垃圾桶，還是持續當垃圾桶來使用。這並不是要你將食材丟掉的意思，而是提醒你不要因為覺得餐桌上剩下的食物好浪費而往自己嘴裡塞，究竟要吃很多食物，還是拉長食物在口中的時間慢慢享受，我只是想提醒各位不要狼吞虎嚥，盡量多嘗試細嚼慢嚥而已。

試著問自己：

「要用滋味還是帥氣來填滿自己？」

減肥瘦身是與人類本能宣戰，所以不能靠設定短期策略來執行，更何況現在這個世界充斥著看起來美麗又邪惡的食物，光是吃個甜點，熱量就超過一餐。

以下三點，務必要銘記在心。

吃少！
吃好！
讓臀部變輕盈！

自行控制食慾的能力，也許是現代人最想擁有的能力，但是要吃得少並不容易。建議各位可以隨身攜帶克制食慾的香味，當你感到被食慾支配時，不妨聞一下。對於拚了命瘦身減肥的我來說，是能充分看見效果的。

我會噴柑橘系列的檸檬香，再喝檸檬水。檸檬水不僅能抑制食慾，也有助於使人多喝水。多喝水，食慾自然會下降，這不是什麼特別的祕方，只是包括我在內，無數名減肥傳道士都知道的事情。檸檬的柑橘香可以促進淋巴循環，也有助於分解橘皮。假如適當地聞這類型香味，讓心情愉悅，食慾就會自然而然往下降。

就好比光線當中，也有可視光線與不可視的紫外線一樣；香味當中也有我們聞不到的味道，可能會在無意識的情況下被香味所支配，也可能會有意識地支配香味。由衷

希望各位能選擇適合自己的香味，善加利用芳香療法，享受比現在更多的幸福。

不同情況適合的精油		
情況	效果	推薦香味
工作	身心安定 理性思考	柳丁、檸檬
約會	心情愉悅的期待	玫瑰、茉莉、依蘭依蘭
壓力	身心安定	尤加利、香檬
失眠	充足的睡眠	墨角蘭、薰衣草
瘦身	抑制食慾	柑橘系列、檸檬

色彩療法：色彩是力量

顏色是能夠調節人類情感狀態的傑出手段。每個物體都會因光的波長而出現其固有的光波長，再通過我們的視神經被認知成顏色，這對腦下垂體會有直接影響；所以當我們看見紅色時血壓會上升，看見藍色則會變得冷靜。

運用顏色效能的色彩療法（Color Therapy），在心理治療與醫學治療上有著明顯效果，同時也以新的代替醫學備受矚目；除此之外，不只行銷，就連在日常生活中也被拿來靈活應用。色彩療法會在我們不知不覺間刺激情感、誘導消費。

你可以試著透過色彩療法補強自身弱點，將其轉換成強項吧。

假如你是秋季型人，請購買橘色內衣

擁有四季當中秋天能量的少陰人，只要將自己理解成冷風即可。這類型人的身體總是冰冷的，不容易流汗，對於吃喝玩樂不感興趣，比起追求本能的快樂，更追求精神方面的糧食；都說秋天是思索的季節，他們的確思慮深遠。不過，也因為對於存在本身有著深入的探究與思考，所以也有用高道德尺來鞭策自己的傾向。

像這樣的秋季型人會從灰色中感受到安定感，透過身穿灰色僧袍的修道僧來理解就會比較容易，他們對於人的內在很感興趣，也是自我反省能力很好的人。

另一方面，他們對於遭受評價感到格外有壓力，因為比誰都還會懂得自省，所以他人的評價不論褒或貶，他們都不喜歡落人口實，認為能夠評價自身的人只有自己，所以偏好低調的顏色，利用灰色、黑色、米色、象牙白等，盡可能讓自己保持低調自在。由於他們對於備受關注會感到有壓力，所以在選擇衣服顏色時，會盡可能尋找容易隱身、不突出的顏色。

　　隨著開始研究四象體質、了解到這門學問與心理有著很大的連貫性以後，我逐漸能理解自己，進而看見自己該怎麼做。我領悟到假如想讓陰特質的人活得更有活力，就得使用更多陽能量，以及在眾多色彩當中為何會對特定顏色情有獨鍾，或者自己究竟需要哪種顏色等……。

　　即便用自己原來的樣貌過生活也無所謂，並非因為不好而需要改頭換面，而是為了補強不足之處所以讓自己進行各種嘗試；我希望各位可以用這樣的心態來接納色彩療法。假如是和我一樣有著秋天特質的人，不妨嘗試一起使用以下方法。

　　果實累累的秋天也是區分穀粒與糠粃的季節，秋季型

人就是散發著這樣的氣息，理性、冷靜、是非分明；反之，也很容易從他們身上感受到一股憂鬱低沉的氛圍，因為穀粒與糠粃同時存在。

使用能夠讓自己快速恢復元氣或者提升心情的顏色會有所幫助，而那個顏色便是橘色。這類型人就像微涼的秋風一樣渾身散發著冰冷的氣息，也容易怕冷，所以使用能為自己增添溫度的暖色系會很有效。在光的領域裡，接近屬於熱線的紫外線，也就是紅色系列，對於秋季型人來說是非常好的顏色，多使用橘色系列的橘紅色會使人顯得活潑、充滿熱情，並從中獲得持續堅持的力量。因此，像我個人在挑選衣服時就會傾向避開藍色系列，因為即便只是一件衣服，也要能夠為我增添一些能量才行。

衣服、珠寶、高跟鞋，甚至是美甲色調，只要是穿戴在我身上的一切，我都會盡可能選擇帶有溫度感的色系。我的指甲是螢光橘，總是拿在手上的手機殼則是正橘色。我將顏色用作讓自己避免情緒低落的裝置。

然而，這也不表示所有服裝單品我都只選用紅色系列，雖然這句話我經常掛在嘴邊，但最美麗的就是大自

然，因為它陰陽兼具，亦即，當顯露與隱藏達到和諧的狀態時最美麗動人。假如已經使用能為自己帶來力量的顏色作為主色調，那麼，其餘的配件則建議使用柔和、文靜的顏色。需要充滿朝氣活力地四處奔波時，我也會選擇身穿帶有橘色、黃色、紅色、綠色的鮮豔繽紛服裝。

黑色衣服絕對是呈現時髦感的最佳顏色，我曾經聽過一名研究服飾史的知名人士表示：「帥氣的女人衣櫥裡都該有一件黑色迷你裙。」是啊，在需要展現品味格調時，沒有什麼顏色比黑色來得更有格調。需要身穿黑色衣物時，我一定會選擇穿橘色或紅色內衣，這是為了讓自己保持活力。

橘色內衣也許是我個人的護身符也不一定，有別於以往，我現在的衣櫥已經逐漸被五顏六色的衣服填滿。假如覺得情緒低落，不妨選擇能夠幫助自己提升能量的顏色。

如果是冬季型人，不妨留意一下白色

宛如冬季的太陰人，正在度過漫長季節，準備迎接春天。萬物在冬季期間會一直等待春天來臨，並儲存生命的

種子，太陰人有著近似於母親懷抱的胸襟。

這類型人比誰都還要善良，也愛周遭的人。每當人們有煩惱或心裡鬱悶時，都會去找這類型人，因為他們非常願意聆聽，就如同大海能夠廣納百川一樣，冬季型人的周遭，總是圍繞著許多人。

但難以淨化那麼多故事的人也占大多數，因此，容易陷入沒來由的憂鬱感和深層憂鬱當中。身體冰冷導致循環不良是基本，容易流汗、身體潮濕，所以如果常吃冰冷、溼氣重的食物就會很容易變胖。加上肝臟偏大，酒量往往也不錯。

在大部分都是鍋物料理搭配酒水的韓國聚餐文化裡，太陰人會成為減肥瘦身產業的標的。比起其他體質容易忽胖忽瘦、體重變化幅度大，因此，更需要慎選顏色幫助自己調節食慾，時刻注意體態變化。

地中海國家經常使用藍色餐盤的原因也在於此，就是為了避免被豐盛的食物養胖，藉此降低食慾。

代表冬季型人的顏色是黑色，雖然這類型人喜歡黑色，也很習慣黑色，但是推薦盡量多穿一些能夠彌補自身

不足的相反顏色。對於慵懶緩慢、習慣接納的冬季型人來說，需要的是充滿發散能量的白色。韓國有百分之四十的人是屬於冬季型人。

就算都是白色也不見得都是一樣的白。我會建議使用暖色調的白，而不是冷色調的白。冷暖色調其實很容易區分，假如底色偏藍就是冷色調，底色偏黃是暖色調。冬季型人身穿溫暖感的白色，就會使能量轉陽，讓周遭的人對你更有好感。

白色如果從五行顏色與身體臟腑的連結來看，是具有肺部能量的；假如因肺部脆弱而老是出現呼吸道疾病，那麼為了肺部的健康，白色會是作為色彩療法的最佳顏色。

除此之外，黃色或粉紅色系也是值得考慮的選項，因為這兩種色系都具有對周遭事物包容力強的傾向。假如沒有適當地排解壓力，就會使憂鬱感加深，不自覺陷入失敗感與無力感的機率也會提高，所以用黃色或粉紅色來進行裝潢，會有助於讓自己轉換成溫暖且充滿愛的狀態。

包容度強的冬季型人容易使周遭的人內心平靜安穩，和總是帶著充滿愛意眼神的冬季型人在一起，往往會重拾

力量。有如大海般的冬季型人，正因為有他們，世界才得以維持和平。

對於春季型人來說，藍色是必須

春季型少陽人是秋季型少陰人羨慕的對象，看起來總是歡樂有趣，光是靜靜待著，春季型人的面孔也會充滿朝氣活力，心情愉悅的樣子，雙眼還會閃閃發光。好奇心旺盛的春季型人，不論何時何地，只要是玩耍的事情從不缺席。充滿著春天來臨、花瓣紛飛的那份期待與悸動感的人，就是春季型少陽人。

這些人的胃非常好，什麼都吃，也好消化，容易吸收蛋白質。體內的臟器發達狀態與天生性格有緊密關聯，不挑食、好消化、排泄也順暢，這些都展現了春季型人外向且開朗的性格。

只要稍微做點運動就很容易長肌肉，能夠感受到從體內激發而出的能量，所以身體會先起來行動，容易被指責性子太急，這類型人感到壓力也會靠玩樂來排解。

對於這種春季型人來說，綠色是必備顏色，為了準備

迎接夏季，火與熱都在上升中，所以身穿綠色系的衣服，可以使浮躁的心情冷靜下來。嘗試在選擇辦公桌或裝潢道具時使用綠色系，不僅可以大幅降低少根筋的失誤，還能感受到工作效能提升。

春季型人不宜使用的顏色為紅色，對於散發自信習以為常的春季型人來說，本來就會投注熱情於治裝，甚至不容易察覺自己打扮過了頭，但其實不用特別打扮就已經會散發強烈的個人特色，所以建議避免身穿鮮豔紅色，在穿著打扮上只要有一個特點就能擁有時尚感。

男性可以使用有著可愛花紋的深藍色領帶，女性則可以單靠一條藍寶石項鍊就能充分展現魅力，因為春季型人本身就極具魅力。

假如是夏季型人，不妨與時尚黑成為一體

像極了太陽的夏季型人，簡單來說就是太陽人體質，這類型人在地球上只占 0.01％，所以數據資料也少之又少。擁有太陽能量的人，會從無到有創造出東西，就如同創造了新韓醫學系統，透過臟腑的發達部位來將人類進行

體質分類的太陽人李濟馬一樣。

由於他們會對於構思新世界、體現於現實賦予正當性，所以往往熱情充沛，他們和春季型人愛玩、充滿熱情一樣，夏季型人有著強烈慾望想要在世界上建立屬於自己的王國。因此，走進王國裡的人，也就是所謂的自己人，他們會帶著責任感格外照顧。只要被這類型人認定成是自己人，他們就會誓死保護，所以能夠走進他們的庇護裡的人，可以得到許多好處。

這類型人的肺部尤其強健，雖然為數不多，但是周遭的夏季型人幾乎都沒有感染新冠肺炎，就算有確診，症狀也不嚴重，都能順利度過。雖然本來就知道夏天型人的肺部較為強健，但是透過這次的疫情，我明確地感受到太陽人的身體是無敵的，唯有肝臟較為疲弱，需要特別注意遠離酒水。

這類型人的身體水分容易乾涸，肌膚也會乾燥到脫皮的程度，因為他們在大自然的能量當中火的能量最強，是經常被人說性子火爆的類型，可能會對於靠顏色來重拾力量不是很感興趣。

但是假如還是要推薦的話，會建議選擇黑色或綠色。由於是能量四射的夏季型人，所以要是能將延伸出去的能量向內收斂，就能感到安定。這兩種顏色有助於讓心臟的火氣不至於過度滿溢，也有助於保護肝臟與腎臟功能。反之，假設夏季型人穿一身紅出現，周遭朋友們就會被那股氣勢壓制，可能會產生不舒服的心理，因為等於是火上加火的形象。夏季型人暴怒時，大部分都是因為自身計畫產生差錯，或者看見沒禮貌的人。由於夏季型人有著強烈渴望備受尊敬的慾望，所以當這點被瓦解時，不僅會很傷心，甚至還會動怒。反之，假如感覺自己受人尊敬就會散發能量，和彬彬有禮的人來往，更能產生協同效應。

用個人專屬色彩作為自身品牌

　　過去是分成供給者與消費者、大企業與一般顧客，然後由消費者跟隨大企業的時代；但如今是消費者主導的時代，不珍惜對待消費者的企業很容易倒閉。就算是首屈一指的化妝品公司，在開拓新路線時，也會想要和擁有個人品牌力的網紅一起合作，達到口碑行銷。

如今已經是單靠自己個人魅力就能賺錢、開拓市場的時代，可謂是個人品牌的全盛時期。個人的優點、魅力、能力以及人際關係，都已是無形的資本。自己本身就是資本的世界，開發並散發自身魅力這件事，會直接連結到收入。經營自己的理由十分明確，我的資本就是自己。

　　因此，在外貌與內在兩者之中，若一定要擇一將能量專注其中的話，而我會毫不猶豫地選擇「外貌」。外貌的變化是立即又可視的，因為馬上就能看得出來，所以效果感很大；當你開始感受到變化時，內在動機賦予就會瞬間產生。

　　汽車在移動時，四顆輪胎會同時旋轉，但是其中會有輪胎是率先驅動的。如果驅動輪在前面就叫前輪驅動，驅動輪在後面就叫後輪驅動，所以用這個原理來看，我們的外貌就是扮演著驅動輪角色。這也是為什麼我們會在下定決心時去理平頭、失戀時把頭髮剪短等，都是相同脈絡；就是先從可以快速、簡單變化的事情開始去嘗試。

　　單靠外表變化就能讓自己成為人生的主人、設定方向，不覺得瞬間有了值得一試的勇氣嗎？

過去，在政治人、經濟人、專家等領域，很是需要形象顧問在看不見的地方訂定有效策略，打理形象，這類需求眾多，如今甚至已發展成一種產業領域，平凡人也變成他們的客戶，有愈來愈多人需要形象顧問。形象顧問的話題大部分都是幫人尋找適合的顏色，可見視覺形象、顏色的形象所帶來的效果有多麼龐大。我們從網路搜尋個人色彩鑑定便會出現各種顧問群的簡介，就可略知一二。

　　我平時就對肌膚、減肥瘦身、穿搭等議題很感興趣，我以自己作為模特兒，花了許多心思在維持漂亮這件事情上。然後感受到外表的變化會對內在產生極大影響。那是一個契機，讓我下定決心要好好研究有學問基礎根據的形象顧問這門學科。以形象指導為主題開始攻讀碩士課程以後，我在形象指導學界最高權威者的指導下完成學業，現在則是以 CIC 國際形象顧問身分活動。

　　在進行個人量身打造式的建議時，選擇顏色的部分比較會著重在與顧客一同尋找命定色彩，而非一般的找尋個人色彩。一般來說都是找到適合肌膚的顏色，但是找到自身靈魂與內在想要的顏色、需要的顏色更為重要。

命定色彩並非指純粹適合的穿搭色彩，而是藉由顏色來表達內心。此時，務必要補強天生體質當中脆弱的部分，而這也是為什麼在進行建議的期間要一直將焦點擺在顧客內在，並透過對話不斷嘗試溝通的理由。

　　假如明白顏色所表現的強烈訊息效果，那麼一早起來在挑選內衣顏色上也會毫不馬虎。以下是我用一目了然的方式所彙整的說明，希望對各位來說會是有用的資訊。

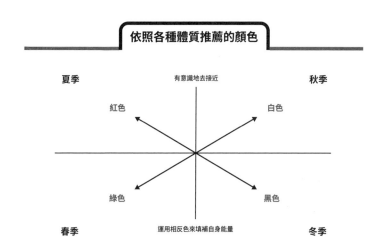

依照各種體質推薦的顏色

夏季	有意識地去接近	秋季
紅色		白色
綠色		黑色
春季	運用相反色來填補自身能量	冬季

✦ 為自己加油打氣的方法

開始與自我對話

「要喝點什麼嗎？」

「嗯……都可以。」

曾經，選擇對我來說是一件害怕的事情，總是對於可以按照自己的意思去做，感到莫名的擔憂，因為在成長過程中，只要稍微提出一點個人意見，就會從父母或老師口中聽見「這都是為了妳好，乖，聽話」諸如此類的發言。

我相信不只是我，我們這個世代的大部分女性一定都是這樣長大的，不乏被強迫灌輸大人要求或制定的答案才是最佳正解。因此，比起認清自己的想法與情感，更忙於追隨別人早已設定好的答案。

以我的年齡為標準，正負十年範圍內，是韓國人口最多的時候。一間教室裡超過五、六十名學生，幾乎每天都

從早上八點到晚上十點朝夕相處在一起。大家是在集體的體系裡長大，比起自我要更尊重整體才有辦法生存，至今也依然是用大部分相同的標準作用為規範；等於比起為自己做出最佳選擇，反而更常被從道德面去強迫要做出對誰都無害的選擇。

因此，我對於聆聽自己的內心慾望與意見，自然是感到十分陌生。而且隨著年齡增長，症狀也愈發嚴重，光是點一杯咖啡都不曉得自己到底要喝什麼。我看著這樣的自己，深感慚愧，原來我一直很不瞭解自己。

於是我從小事開始練習做選擇。一年期間專注在表達自己的想法，不再遷就大家或配合整體氣氛；其實現在也還沒有到完全克服。

假如想要品嘗到濃醇的咖啡香，點一杯美式咖啡就好，想要嘗嘗看其他咖啡口味，就選擇拿鐵；這不是在解題，沒有要選出正確答案。

我在心中不停地向自己搭話。像這樣與自己對話久

了，自然而然就會產生客觀的眼睛，變得能用第三者的角度來看自己；也就是進行自我對話（Self Talk）。觀察自己在對自己說什麼、看什麼、是否有在教訓自己、瞧不起自己、斥責自己等，自我對話是同理自己的第一步。接下來的示範是我經常進行的自我對話，不會很困難，各位可以參考並嘗試挑戰。

持續進行自我對話一段時間後，我所領悟到的是：自己絕對無法騙自己。而且還會發現自己重視的東西到底是什麼。

毋自欺也！

這是在中國古籍《大學》裡出現的經典句子，就是不可以欺瞞自己的警惕文。無數聖賢與儒學者們都解釋過這句話。撇開那些艱澀難懂的句子，我的結論只有一個：欺騙自己的人所產出的結果也是假的。

叫自己的名字

○○啊

原來你在那裡啊！

最近過得好嗎？

目前為止都做得非常好喔！

為你加油！

你很棒！

Comment. 試著叫自己的名字，就能感受到平時是如何對待自己的。儘管有諸多矛盾，也還是能同理自己、拍拍自己、扶自己一把站起身。早知道應該最先喊喊看自己的名字、對自己說愛你。喊名字其實是在賦予意義，是對自己賦予意義的重要自我對話。

檢查想法的好與壞

現在這個想法對你來說,是加分還是扣分?

對誰會有幫助?

就算對你沒幫助也真的沒有關係嗎?

真的沒有其他對策了嗎?

若是如此,就沒關係。

你的想法永遠是正確的!

Comment. 對我有益的想法到底有幾個?每當這種時候,都可以悄悄地向自己搭話,這個想法對於找回內心平靜是否有幫助?這樣的想法會不會反而到頭來對我造成負面影響?這是將想法的針頭瞄準在零點上,然後觀察哪一側的錘會傾斜的自我對話。

敏感時，好好安撫自己

沒有人對你感興趣。

只有你會在意你的所作所為。

你認為好的東西、想做的事情、想創造的一切，

統統都可以去嘗試！

按照你的心意去做有什麼困難？

又不會對世界造成危害，

不論那是什麼，都不會有人在意你，放膽去做就對了！

Comment. 穿搭、逛街購物或興趣，不管是什麼，假如想要做一些至今為止從未嘗試過的事情，就會有一層看不見的布幕阻擋著想法與執行。當你因為他人的視線或既定觀念而感到難以按照自己的想法去做時，就可以進行這場自我對話。不妨開發一套安慰自己的咒語，不停向自己搭話，就會增添自我催眠的效果，使自己變得更加勇敢。「沒有人在意你」便是我所使用的咒語。

儘管用別人幫忙寫的自我介紹書順利擠進大學窄門，最終也只是徒勞，因為跟不上不符合自身程度的課程而選擇中途放棄的情形多不勝數；結局不佳的政治人物或社會知名人士統統都因謊言被揭穿而跌落神壇，他們在攻頂前其實都知道自己是在爬一座用沙子堆砌而成的城堡，但仍敵不過貪念，進而忽視自己的內在聲音。

　　只要認知到自己的尊嚴，就難以欺騙自己。有宗教信仰的人在神面前會保持無我的姿態，沒有宗教信仰的人則會在大自然面前感受到那股力量。唯有在無我狀態下才會出現的真實感，將成為引領自己向前走的巨大能量。認知自我存在！唯有能與自己進行健康對話的人，才會擁有屬於自己的氣場。

　　在東方所謂的無我，可看作是近來很夯的話題——後設認知，後設認知是指用客觀角度認知自身的能力。

　　所謂的後設認知 (metacognition)，meta 是來自帶有「after」或「beyond」意思的希臘語，並結合了帶有「knowing」意義的「cognition」 (認知)，變成了新的合成語。從語源

可以得知，後設認知其實就是從遠處觀看自己在了解自我的過程中，將那些自己知道與不知道的、擁有與未能擁有的、長處與不足之處等等，統統都用客觀角度去觀看、承認、接納並包容的能力。這項能力是可以藉由後設認知開發而成。

學生們只要進行過後設認知，就會表示「發覺到自己原來並不知道」。雖然乍聽之下有點像自嘲，但根本就是足以堪比蘇格拉底的自我省察。不妨試著像學生們一樣簡單明瞭地接近看看，透過後設認知，可以自己為主體進行選擇與控制。

至今為止，我一直是自認很了解自己，卻難以用一句話來形容自己的人。但自從接觸了後設認知以後，就變得可以用言語來說明自己，等於是接納了自己，這並非由我創立的理論，而是認知心理學家們說的。存在於這世上的知識分「知道卻無法說明的知識」以及「知道也可以說明的知識」兩種，而唯有後者才可稱作真正的知識。

進行後設認知，表示能精準觀看自己現在所處的站點（Spot）、時間與空間的位置，而我們有必要好好思考關於

站點這件事，因為並非純粹指物理上的時空，而是關於自我存在的終極問題所及之處，其解釋是屬於各自的責任。可以確定的是，透過後設認知，絕對能接觸到更高一層的自己。

我常用的方法非常簡單，就是經常觀看鏡子裡或玻璃窗上反射出來的自己，將形象烙印在腦海裡。這是為了確認自己在與人對話時會擺出何種表情、做哪些行為、情緒有無明確傳遞等。

對話時，我往往也會想要盡可能與對方面對而坐，因為這樣可以從對方的表情或反應中察覺自己的態度，究竟該採取更積極的姿態，還是選擇放慢節奏用心聆聽對方等，可以邊對話邊調整自己的態度。

講電話可以更赤裸地觀看自己，想像對方就在面前，然後仔細觀察鏡子裡或玻璃窗上反射而出的自己。只要用觀看對方的方式來看自己，就能更冷靜沉著地引導對話。儘管是不怎麼好的對話內容，仍能使自己維持客觀態度，避免對話失衡，就算在無意識的情況下，也能避免散發負

面氣息，用客觀的量尺省察並且看待事情。雖然沒什麼，卻是一條讓我有機會認知自己的對話態度的捷徑。

保持距離是關係的氧氣筒

經歷了將近三年多的新冠肺炎疫情期，最常聽到的一句話就是「請保持社交距離」。

「由於容易有感染風險，所以請盡可能避免與人相聚碰面。」

防疫當局的提醒已經聽到耳朵長繭，卻因此促使我嘗試區分哪些是儘管冒著確診風險也要見的人，哪些則是可以尋求對方諒解將聚會向後延的人。

隨著人們意識到人與人之間需要保持物理上的距離，自然而然就出現了不舒服的警戒心。驚人的是，我們可以從物理上的距離去確認心理上的距離，宛如身心合一，物理上的距離自然會影響心理上的距離。

在心理學領域就有提出過精準的物理距離。人類學家愛德華・霍爾（Edward Hall）曾說：「每個人都需要有一定的

空間，假如其他人走進了自己的空間，就會感到緊張與威脅。」換言之，能夠進入我的物理空間的人，是依照心理上的親密程度而做區分。就好比韓文的「間距不錯」（意指關係不錯）一樣，空間概念上的「間距」，其實也包含了關係的意義。

根據愛德華・霍爾的主張，四十五公分內為親密距離，可允許戀人或家人接近；四十五公分至一・二公尺範圍內為個人距離，也就是張開手臂所產生的空間，能夠走進此範圍的人是可以像朋友一樣進行情感交流的人；其餘再慢慢向外拓展，就是社交距離、公眾距離。

透過疫情期間的保持社交距離，也粗略地將心理距離進行了區分。畢竟是盡可能需要與人保持物理距離的時期，所以在心理上只要不是特別親密的人，大部分都會盡可能避免相約見面。最終，只有心理距離近的人才會被允許進入個人距離範圍內。

隨著能夠進入我的個人距離與親密距離內的人變少，只能與少數幾個人維持關係以後，也使我看到了各式各樣的現象。有些夫妻或家人關係變得比以往更為緊密，有些

情侶則變得更常吵架。由於餐廳和酒吧都很早打烊，所以大家不得不早點回家；一旦確診就要馬上進行自我隔離，所以自然也會凸顯出家庭成員的角色與重要性。畢竟只有家人被強迫待在一個空間裡，所以對彼此的心理依賴度也會比較高。

尤其疫情嚴峻時，隨著居家辦公開始執行，變得整天都身處在同一個空間裡，所以在各自空間的極限裡所感受到的疲勞度，也一點一滴累積。

儘管長時間近距離相處的人是家人，也同樣會感到緊張與負擔。老是看著彼此的樣子、判斷對方的行為，自然會出現諸多抱怨與不滿。

家人都會這樣了，朋友們又何嘗不是如此，有時在自我半徑內呈現沒有任何人的真空狀態是絕對需要的；在適當的時機保持一定的距離，也有助於調節心理距離縮減、拓寬，維持人際距離。

在沒有他人的介入下，一個人在自己的空間擁有呼吸、思考的時間，就好比是在宛如戰爭的日常裡，獨自往大自然展開旅行一樣，把自己當成最好的朋友，仰躺在大

自然中，感受徐徐微風，聆聽鳥鳴聲，用背部去完全感受大地的溫度，屬於自我療癒的時光。

維吉尼亞・吳爾芙（Virginia Woolf）曾說：「女人要有錢，還有屬於自己的房間。」希望各位能擁有一處在沒有任何人妨礙下維持陌生視線、甚至足以忘記自己，可以稍稍喘口氣的療癒空間；那個空間不一定是要高級住宅，就算只是經常散步經過的一張長椅也好，只要是能療癒自己的空間便足矣。

屬於我的心理完全保持距離，是在重機上執行。只要騎重機，就會純粹只剩我和它獨處；我騎到楊平郡，騎到江原道，也騎去大自然裡。當全身都能感受到空氣的流動時，就會感覺自己是做了瞬間移動，進入另一個次元。騎車時只要一個不留神，就很容易在一瞬間發生車禍，所以騎車時都會純粹想著要保住自己的小命，其餘的想法與行動是無法進行也不可以進行的，腦海中只存在一種想法：不摔車，感受大自然，向前奔馳。只要專心馳騁在道路上，其餘的一切都會消失，沒有辦法胡思亂想。

像這樣與自己對話、創造專注的空間、與世界保持距

離，就能夠用重新充飽電的能量達成更具意義的事情。

　　我真正尋找的、想要的究竟是什麼？不妨試著尋找能夠讓自己徹底保持距離的方法。不論是選擇寺院寄宿也好，還是在家裡放下手機聽音樂一整天也可以。我想，高爾夫球會成為高人氣的療癒運動或許也是同樣的道理；畢竟只要開啟一回合，就要到十八洞結束為止（緊急狀況除外），自然而然會與外界出現至少四小時的心理斷絕，達到完美的保持距離。

　　或者在日常生活中嘗試讓自己維持兩週都一下班就馬上回家。以我個人為例，這項嘗試反而成了使我到家以後再重新奪門而出的刺激點，因為我發現原來自己是屬於要和別人在一起才會靈光乍現的那種人。建議各位可以按照自己的性格特質，適時運用適合自己且能達到休息與療癒的保持距離方法。

　　有時，在這世上能為自己加油打氣的人只有自己。願各位都能把握那樣的時間，與自己的關係變好；因為和自己不夠要好的人，也很難對他人散發出正面的氣場。

✦ 所謂凸顯自我的金錢

金錢是第三個自我

學生時期，還不能體會挑選漂亮文具用品的樂趣。在地方鄉下，有一兩處叫作市區的繁華區，類似首爾的明洞，而在市區裡，有著販賣文具用品的商店，也有販售唱片和書籍的書店，店面都不算小，學生們一有空就會到這種市區裡閒逛。

當時我們家因父親經商失敗，導致母親身兼多種副業，所以家境窮困，根本不敢奢望去市區裡逛那些漂亮的小物，而且就算缺少什麼，也不會特別感到不便。學用品只要有紅、藍、黑三個顏色的 Monami 原子筆就足夠，不是扔在書包內就是握在手上，因為這樣要用的時候就可以直接拿來使用，所以也認為不需要額外花錢買鉛筆盒這種東西。

兒時養成的對待金錢的態度，到了長大成人以後也維持了好長一段時間。我會認為任何東西只要能發揮功能就好，不一定要漂亮或獨特，實用比較重要；有錢也會認為除非是必要物品才購買，否則其他開銷一概都算奢侈；假如功能上沒什麼差異，卻因外型設計而有嚴重價差的話，就會毫不猶豫地選擇便宜款。

　　直到後來，在我二十多歲展開的歐洲背包客旅行中，領悟到人生變得滋潤豐富是什麼意義，才成為改變這種根深柢固想法的契機。

　　兩千年代初期，歐洲與韓國之間的經濟、文化、意識水準還有很大差異。在那趟旅程中，我去了一間文具店，逛了非常多的文具用品。我看著琳瑯滿目的商品，發覺原來即使是小小一個文具，也能設計得極具價值，與此同時，也回想起每天手握三支原子筆行動的自己。

　　歐洲不是純粹錢多的先進國家；當然，當時雖然的確比韓國富有，但和有錢是不太一樣的層次。下班後，在露天陽臺咖啡廳喝杯啤酒的模樣、一身能凸顯個人特色的穿

著打扮、雖然古老但維持著固有特色的建築物、設立在街道各處的造景與象徵物等等，從這些細節，能夠感受到他們享受著當下的態度。整座城市宛如一件作品。

假如要讓那樣的文化繼續維持，基本上，社會經濟系統就要先穩定才行，因為社會福利制度完善，就不會有損彼此尊嚴，每個人的人生價值也會備受認可，必須是這樣的環境條件才可以。歷史與文化相容，成為高水準的文化資產，而這也會對每個人的人生造成巨大影響。我當時的心得是，原來先進國家是這種地方，原來金錢最終會創造文化。那是一趟讓我了解到「原來我所花的錢也在創造我的文化」之旅。

原本認為原子筆只要能按照顏色順利出水可以書寫就好的那個國中女孩，如今已在能俯瞰漢江的辦公室裡用筆記型電腦撰寫文章，具備一定的經濟能力。從實用主義思維變成更重視審美價值的我，最終領悟到我的一部分正被金錢填滿，彷彿是第三個自我，美麗成了生活中在選擇需要物品時的核心標準，而金錢正是背後的推手。雖然不是要你盲目地去追逐金錢，但是也不需要婉拒優渥的經濟。

金錢能使人變得勤勞、清醒，也會變得豐富多元。值得省思的是，至今為止，自己是否一直都將賺錢的事情與想做的事情分開來思考，所以對於金錢的觀念才會出現雙重性的衝突，確認自己是否一邊想著自己絕對不可能是為了錢而工作，卻又一邊帶著「只要等這件事完成、只要等這項專案結束」這些前提條件在工作？為了賺錢而工作是再自然不過的事情，所以不需要瞧不起正在從事工作的自己，試著把充滿抱怨與不滿的時間，想成是為了創造自我價值而工作。

　　因為有了金錢，我們可以變得更像自己，購買自己喜歡的東西，也能夠更積極展現自己。要先產生對金錢的安定感與控制力，才有餘力去選擇自己的周遭環境、打造個人品味。金錢可以實現我們的夢想及慾望。吃、喝、玩、樂、變漂亮、享受人生，這些都是沒有錢就辦不到的事情。

　　還在成長的小朋友原本不該算命的，因為會對於成長過程產生何種影響不得而知。過去有一陣子熱衷於命理學時，曾和老師一起分析過兒子的命格。命理學其實是透過統計嘗試預測未來的方法，當時是基於只要知道孩子的性

格特質，身為父母的我就能往更適合的方向去引導而幫他算命，畢竟世上的母親誰不希望自己的孩子能飛黃騰達。

雖然不曉得是不是老師想要讓身為弟子的我開心而這麼說，但是聽聞老師說兒子將來會比爸爸的收入高一百倍以後，我便欣喜若狂，一回到家看到兒子的臉，就馬上展露出庸俗的本性，心想著兒子將來是賺大錢的人物，就待他比平時更為親切。

光憑想像就捧兒子的那份心究竟是什麼呢？難道是因為期待以後可以盡情花兒子的錢？或者把兒子當成我未來的提款機？都不是。

我想，聽聞「兒子將來會賺很多錢」，全天下的母親都會感到開心幸福，因為會賺錢表示會長成優秀的大人，用心努力、腳踏實地經營自己的人生。賺錢這項行為，是才能、責任、創意性、誠實感這些種種都被人認可的過程。比起我自己會賺很多錢，之所以更喜歡聽到孩子能賺很多錢，也許是因為比任何人都還要清楚知道背後價值的緣故。金錢的真正價值，是能夠證明自身存在的理由。

金錢包含著人心，我們會將錢用於我的嘴巴要快樂、

我要看起來漂亮、我的病痛要好轉、我要開心等事情上。很會賺錢的人也很懂得閱讀人心，最終，賺錢這件事也是只要無法擄獲人心就會以失敗收場。

妳也正在追著錢跑嗎？我是。所以才會努力愛人、與人見面、使人開心，進而也使自己開心，並從這樣的過程中感受到喜悅。假如能將金錢用作理解人、肯定自我的心靈工具，我敢保證絕對能活出自己想要的人生。

為自己花錢

只要是女生，多少都會有一個帶有故事性的精品包，包括我自己也是。四年前，我和妹妹兩人單獨去巴黎旅行，當時特地去了全球香奈兒一號店，在那裡購買了一款自己最喜歡的包包。我把意義加諸在女人最想要的夢幻包款香奈兒，而且還是在法國當地一號店購買的，甚至是用我自己工作賺來的錢購買。

真漂亮，就算只是放在家裡也賞心悅目，它會使我想起當時在巴黎感受到的種種記憶，以及挑選包包時的那份

少女心，觀看那個不斷追求美麗、想要備受矚目、能夠彰顯這些條件、擁有如此平凡慾望的自我。

我擁有的名牌包屈指可數，雖然大家看見我華麗的外表都會對此感到不可置信，但的確是如此。我只要有一只輕巧的小包包就可以外出，把錢花在買精品包上也會讓我感到不捨，頂多為了事業上有些場合需要穿得比較正式一些才會準備幾個精品包，但是要我花大錢買自己不常用的包包，還是不太能說服自己。

據說已故演員金慈玉，生前就曾在精品店對那些正在挑選包包的二十多歲女子說：

「孩子們，等年紀大了之後就不需要提很重的包包了，有那個錢還不如去做臉部保養。」

真是明智的一句話。以我個人來說，花錢的優先條件是，就算時間流逝也不會消失不見的、對身體有益的、離不開身體的；所以只要是和身體分開的東西，永遠都會被我擺在第二順位，我認為這是在為自己花錢的方法。

那麼，什麼叫做為自己花錢？

第一，把錢花在飲食上。

比起一桌豐盛菜餚，我更喜歡選擇自己最想吃的一道菜來吃，因為我的胃偏小又敏感，所以吃不下太多東西。每一餐對我來說都是機會，假如沒選好就等於直接毀了那一餐的概念，因此，假如有選到好吃的，那份滿足感就會使我倍感幸福。我比較願意花錢在讓客人有賓至如歸感的用餐環境上，反之，有些朋友則偏好能一次吃到豐富多元的菜色。兩者之間沒有什麼用餐方式是更明智的，只要找到自己從吃東西這件事感受到幸福的方式即可，因為如果是食量大的人像我一樣吃飯的話，反而感受不到幸福。吃飯用餐不能只是為了隨便填飽肚子，而是要挑選能夠滿足營養與五感的餐點，真正為自己進食。

　　第二，在運動方面，比起今天，會花更多錢在明天。
　　二十多歲時，我其實不能理解那些願意花錢買一對一教練課運動的人，因為在我看來，只要自己跑跑跳跳、伸展拉筋即可，不明白為什麼要花那麼多錢請教練指導。
　　事後回想，這也的確是二十歲的人才會有的想法，因為就算什麼運動都不做，身體代謝量也會旺盛到足以將吃

進體內的食物全部燃燒殆盡，肌肉也處於尚未退化的狀態，所以還很結實；但是隨著邁入三十歲以後，身體就會出現非常明顯的變化。這樣說各位可能不會相信，但其實我們人體的全盛時期是在二十歲左右，肌肉量在三十歲前後會逐年遞減 3～8%左右，邁入四十歲以後更是急速下滑。身體姿勢會愈漸歪斜，就連臀部也會下垂。突出的小腹、鬆垮的蝴蝶袖，這些都不是靠自己一個人努力，就能解決的問題。

再加上意志力也會消耗，身邊至少要有個人對我下指令，不斷督促鞭策，才有辦法撐完一小時的肌肉運動，促進淋巴循環。這筆錢是就算省下其他支出費用也要花的。

第三，把花在按摩的錢當成是救贖靈魂的錢，不吝於投資自己。

假如有人問我想要賺多少錢的話，我會回答：「到我老死前可以接受每天兩小時按摩的程度。」

心情不好或憂鬱時，我會去找人幫我按摩。那就像是在拯救我心靈上的痛苦與肉體上的疲勞，只要有人非常用

心按摩我的身體，我就會感覺自己有被尊重、被疼愛。

用品質好的精油按摩，甚至還能喚醒肌膚。隨著淋巴循環、老廢物質排出體外，浮腫問題也會達到緩解；這是我預防脂肪、各種老廢物質、水分堆積體內導致浮腫的自我投資。

再加上當你想要盡快從失眠、憂鬱等無力的心理狀態脫離時，也會很有幫助。接受按摩時，偶爾會不小心睡著一會兒，但是不論睡著十分鐘還是三十分鐘，只要醒來以後，就會覺得自己彷彿在不知不覺間去了一趟另一個世界。就好比接受睡眠內視鏡時一樣，又會帶來與運動截然不同的身體變化。

肢體接觸會使人分泌幸福荷爾蒙催產素，假如可以用錢購買被人撫摸按摩後所分泌的荷爾蒙當然要買。倘若我要為了買到幸福而花錢的話，那便是按摩。

第四，對於花錢「學習」毫不猶豫。

為了考取重機駕照，在接受教育訓練期間，一同修課的人都已經考取駕照各奔東西之際，我反而又重新報名了

一期課程。在那為期二十天的上課日，我每天早上都是滿心擔憂地走出家門，因為我其實膽小如鼠，光是有人突然大吼一聲都會飽受驚嚇，也絕對不會想要去看火災或吵架的熱鬧，但是如此膽小的我之所以能騎重機，純粹是因為比其他人多上過一次教育訓練的緣故。

雖然我一次就順利通過重機考試——據說是就連靠開車維生的人都難以考過的，但其實只是拿到駕照而已，和實際上路根本兩回事。

自那時起，真正的騎車教育重新開始。雖然開車一樣有風險，但是騎重機是和我的生命有直接關聯的，所以在我看來，省下學習騎車技術的花費，就等於是在縮短生命的感覺。

我陸續上過幾位知名重機教練的課程。由於我很容易擔心害怕，所以上課時間都在和教練們聊人生。我是屬於要先用頭腦理解，等內心安定以後，再讓身體動起來的類型，所以和教練們建立友誼關係、抱怨一下上課好累，再順便幫他們進行形象指導以後，實際接受重機教育的時間就所剩不多了。但還是多虧自己不斷在學習方面投資金

錢，才能有如今還活著騎車的我。儘管性價比不高，但是這樣練就的技術，反而成為我一輩子的騎車養分，因此，又豈能吝於投資學習呢？

第五，把花在旅行上的錢，當成是送自己禮物的開銷，甘願支出。

近幾年，我剛好都有機會走訪韓國的一些美麗景點，享受了許多寶貴時光。在那些景點累積的回憶，成為了維持日常的力量。尤其和濟州島感覺不太一樣的巨濟島和珍島，讓我完全體會到什麼是島嶼贈予的禮物。我的所見所聞統統都映入了我的腦海，而這些畫面又能被誰拿走呢？唯有我自己才能珍藏我的旅行。我心中的旅遊勝地：西班牙伊比薩島、法國巴黎、瑞典斯德哥爾摩、菲律賓長灘島等，光是想起這些地名就會難掩內心悸動，回憶也會立刻湧現。旅行就是只要能花就會想要把錢統統花光。

第六，把花在朋友身上的錢當成是不會消失的錢。

各位是否也曾有過買花很像錢消失的感覺？我的母親

生前也是這麼認為，她說買花浪費錢，然後把一朵玫瑰花輕輕插放在玻璃杯裡，雖然那朵花很快就枯萎了，但是在我看來並沒有真正消失。

我依然不覺得買花很浪費錢，不論是難得見到朋友、初次見面，還是純粹想送對方鮮花，幾乎所有見面場合，我都會帶著鮮花出現。就算不是多大的花束，也一定會送幾朵可愛小花。

走進經常光顧的花店，想著今天要見的人，挑選要送給對方的花朵，就會感覺自己的用心安排有連到對方的心。神奇的是，我也能選出適合初次見面的人的花束，惦記著對方、想要給對方喜悅的那份純粹熱情，似乎能幫助我找到適合那個人的顏色與氛圍。然後當我帶著鮮花出現在約定場所，對方所展露出的幸福微笑也會使我忘掉這筆花費，絕對不會讓我有金錢消失不見的感覺。可能是因為認為用小錢就能充分表達我的心意，要是對方想起我的時候也會想起鮮花，進而產生希望下次可以再見面的心情，那就再好不過了。

能夠取悅他人的花費其實和取悅自己的花費是一樣

的，就算不是買花、不是買多麼昂貴的東西，也會留下惦記著某人的誠意與感動。假如花了錢還能留下愛意，豈不是最值得的一件事嗎？

試著尋找控制開銷的方法吧。人們會把錢花在自己心動的地方，從花在哪些項目來看，便能察覺自己都把心思放在什麼地方。

你是不是花錢在別人身上比花在自己身上來得多呢？那麼，你可能是比較渴望受人認可、被人疼愛的人；假如是在裝扮自己、管理保養自己上花較多錢的話，就表示是展現自我慾望比較強的人；而花較多錢在閱讀、買藝術品、看歌舞劇等方面的人，應該是在填補靈魂的飢渴吧。

仔細觀察會發現，我們花的錢其實就是自己看待自己的看法。好壞判斷只是別人在說三道四而已，不是自己的價值判斷。所以花吧，盡情地花，為自己花錢。然後要多了解自己，不了解自己的話，就開不了通往幸福之門。

✦　　　　　　　　　　　只有自己能守護自己

身體是我的歷史書

　　我們存在於世，身體占九成，不，應該說是占百分之
百。早上起床睜開眼睛，還分不清是現實還是夢境的時
候，身體甦醒的同時，靈魂也會開始蠢蠢欲動，等到身體
徹底清醒，精神也才會完全回到現實。

　　身體是一本歷史書，記錄著過往至今的生活痕跡、觀
看世界的觀點、對自身的愛情。

　　一名療養保護師 2 表示，在擔任洗澡志工為長者清洗
身體時最令人肅然起敬，因為看著那些老人的身體，可以
感受到過去被歲月折磨摧殘，在戰爭與產業化的龍捲風裡
把自己搞得遍體鱗傷，處處都是傷疤，也有多處身體部位
是因長年勞動而導致變形。如今雖然控制不了身體，就連

2 譯註：類似臺灣的長照看護人員

洗澡都要接受他人的幫忙才有辦法進行，但是從他們顫抖的手依舊能感受到帶有一份害羞感，而在懇切的眼神中也摻雜著一絲抱歉。他們用不聽使喚的身體盡情表現著內心感謝。

身體是宛如包裹著我的襁褓，為了成為一名像個人的人、像個大人的大人、像個女人的女人、像個媽媽的媽媽、像個太太的太太，就得把自己的身體健康顧好。

如今，我正在朝五開頭邁進，五十歲以後，我相信會比現在擁有更多職業。我們的社會太容易用人，也很容易用完即丟。高喊著百歲人生，卻在五十五歲左右就急著把你從職場趕回家中。假如二十多歲出社會，五十多歲退休的話，等於在百歲人生中只有工作三十年而已，七十年是要仰賴家人的幫助或自身積蓄過生活。

認真生活固然重要，但是不能忘記管理自己的身體和賺錢都是有時機的，我們要像準備退休金而選擇財務投資一樣投資身體，假如不從年輕的時候就開始設定計畫、持續保養，剩餘時間自然只會在醫院裡度過。

不論是身體投資還是財務投資，時間都是資產

綜和那些眾多的健康資訊，可以總結歸納出為了身體健康要做的三件事：少吃、運動、培養肌耐力。只要做到這三點，就能充分管理身體。如果要再多加一點的話是盡可能減少壓力，要是能把心理狀態管理好，自然是再好不過的事。

卡門・戴爾・奧利菲斯（Carmen DellOrefice）是全球最年長的模特兒。一九四五年，以十五歲最年幼 Vogue 模特兒出道的她，二十四歲步入婚姻，暫時停止活動後，四十多歲才又回歸，卻依舊是名不虛傳的模特兒。她同樣跨過了職場經歷中斷的泥淖，為了重返模特圈所付出的心血，是不用言語也可想而知的，否則怎麼可能都已經年過九十還維持那樣的身材與心靈。

再加上她最近還拍攝了半裸照，引發世人關注。在一張白色床墊上，軀幹被白布遮住，卻仍展現著直角肩和光滑修長的雙腿，撩人的姿態依然能吸引眾人目光，她的雙

腿一點也不像我們印象中女性長者的腿部。

　　她在拍攝完半裸照以後接受的訪談中有提到，儘管自己年過百歲，也依然想要當現役模特兒參與活動，並表示「不是因為年老而失去熱情，是因為失去熱情而顯老。」除此之外，她還針對持續工作的祕訣回答：「我們每天都在成長，直到結束為止一切都尚未結束。我們要從昨天學到東西，不斷地改變自己。」而她之所以能夠維持那張難以辨別實際年齡、充滿活力的外表，祕訣就在於控制飲食、充足睡眠以及舒適的心靈。

　　雖然有人可能會看著她心想，我還年輕，只要從現在開始努力，還是有機會成為模特兒，但是就算由國家代表選手村幫忙管理身材也很困難，因為在她的呈現的成果中可以看見其實是蘊含著長時間的身體投資，那段時間是無法直接跳過的。

　　對於一般人來說，時間就像種子基金，YouTube 創作者也要至少維持三年時間定期上片才有辦法一較高下；就算要投資股票，也會需要儲存種子基金和研究市場的時間；而美麗健康的身體更是不用多說，絕對需要持續投資

時間，身體才會成為人生的踏板。

那些困難的保險業或人脈行銷也是，不投資時間就不可能產出所得。老天給我們每個人的時間都是公平的，根據自己如何運用時間，結果也會不同。因此，時間是給身無分文的人最低限度的人生行銷基礎。

把時間投資在少吃、運動、培養肌耐力吧。能夠守護自己的人只有自己。

提升肯定自我的提問

❶ 最近最有趣的事情是和誰做什麼事？

....

❷ 試著寫下為自己所做的消費支出明細。

....

❸ 最近一次接受的教育學習計畫是什麼？

....

❹ 試著寫下為了排解壓力而做了哪些事。

....

❺ 假如有感到世界是公平的事情，不妨嘗試寫下。

....

❻ 具體寫下你的夢想，假如周遭有人和你有著相同夢想，那麼，請寫下總共有多少人以及他們的姓名。

....

❼ 想想用心照顧的寵物與植物，並寫下投入多少時間與金錢。

....

❽ 有沒有積極參與的社交活動？

....

❾ 把帶著好奇心嘗試挑戰的事情寫下來。

....

❿ 有沒有曾經推動所有人都反對的事情，最後反而成功的經驗？

....

打造在人群間
閃耀發光的氣場

人生所有過程，都是在打造滿意的自己，再以此作為踏板，
獲取通往更美好人生的能量。接下來，就讓我們來一同了
解讓自己不再於人群間苦不堪言、飽受干擾影響，帥氣活
下去的方法，也就是成為更被需要的人的方法吧！

假如每天內心感受不到滿足，
對自身存在也無法心懷感謝的話，
就表示自己活得並不好。

＿漢斯·克魯帕（Hans Krupa）

◆ 輕鬆接近他人的方法

和世界觀相同的人來往

　　人際關係是令人頭痛的問題。往往原本前一刻還相處融洽，後來卻又突然緊急煞車或者緊急前進；認識愈久也變得愈小心謹慎。要意識到彼此不同，需要花很多的時間與努力。人際關係是就算費盡心思也有可能合不來的，否則怎麼會用油水分離來形容不夠圓滿的人際關係；在我看來，不論用任何方式承認並接納彼此差異的這段過程，就叫做「變得要好」。

　　曾經有一道數學題，在社群網站上引發熱烈討論。

　　有一對朋友，兩人合租一間兩房公寓。說好每月平分月租費一百萬韓元，而其中一名使用較大房間的人要多付十萬韓元。然而，付租金當天，原本講好要多付十萬韓元的這位朋友卻只付了五十五萬韓元，另一名朋友問他為什

麼不是付六十萬韓元並提出異議，但是使用較大房間的那位朋友回答：「我付五十五萬就會比你付四十五萬多十萬，沒有錯啊！」

面對這道數學題，出現了究竟該分成六十比四十還是五十五比四十五才對的意見分歧。一派人認為先將一百萬平分成一半就是五十萬，再加上十萬就應該付六十萬；另一派則認為當初條件就是設定多付十萬，所以付五十五萬的確比付四十五萬的人多付十萬，沒有任何問題。

這兩種觀點的差異，是來自於站在各自的立場去看事情。使用較小房間的朋友，是從自己本該付五十萬的月租費扣掉十萬來計算，但是使用較大房間的朋友，則認為假如用五十萬加十萬的方式計算，就會和朋友所付的租金出現二十萬的差異，所以他認為只要從整體費用當中負責十萬塊的差額即可；換言之，兩人是在同樣一百萬的租金裡，展開激烈的觀點與思考差異攻防戰。

後來還有人想出了第三種分攤方法，假設除了月租費一百萬以外，管理費或電費、網路費等共用費用加起來也會超出十萬，所以不如平分月租各付五十萬，共用費用再

由使用較大房間的那位朋友多付十萬。除此之外，也有人建議光是在這件事情上就能看出兩人意見大不同了，將來要是住一起一定會更累，倒不如早日拆夥，分道揚鑣。

　　雖然乍看之下會認為是一道數學題，但其實是人際關係問題。當我向朋友們提出這道題目請他們作答時，每個人的答案也沒有明顯往一邊靠攏。大部分的人一開始都認為一邊應該付六十萬才對，但是聽完不同意見後，便開始爭論究竟該付六十萬還是五十五萬，甚至還有人套用學生時期所學的數學公式來計算，我看著朋友們激烈討論的模樣，更加確信這是一道人際關係題而非數學題。

　　假如當初說好只要比對方多付十萬就好的話，那付五十五萬即可，而假如是用比自己原來該付的平分租金多十萬的觀點去思考的話，就應該付六十萬，也就是從哪一種觀點多加十萬的差別。兩人不論是協議好觀點，還是重新設定好所謂「一半」的命題，直到達成共識前是難以得出結論的。

　　假如這一對朋友是觀點相近的人，我想應該就不會展

開這場脣槍舌戰了，自然而然會是五十五比四十五，或者六十比四十。這讓我不禁心想，認識朋友時，應該要先仔細觀察對方是帶著什麼樣的世界觀和人生態度生活至今。

有趣的是，我看著針對這道題目爭論不休的朋友們，可以瞭解到他們各自的性格。明明只是簡單的假想題，卻能夠大略掌握到想法上的差異、看待問題的態度、體恤對方的深度等。其實也不是需要討論那麼久的問題，只是區區五萬韓元的差異，竟能分出以自我為中心思考的人和以他人為中心思考的人，這點對我來說，倒是意外的收穫。

人與人之間也存在換季期

從簡單玩笑開始的月租問題，到端出公式來認真爭論的朋友，這名友人對待任何事情本來就講求精準、理性、零差錯，從事的職業也是銀行員。初次遇見他的時候，有一種剛削好的鉛筆芯那種尖銳感，使人難以靠近。

但是現在反而會讓我想笑，想問他有必要出動數學公式嗎？但是站在這位整天處理錢、凡事都邏輯清晰的朋友

立場，我相信他不論如何都會想要證明自己的論點是對的。這不是為了非得贏過其他人不可，而是純粹屬於擁有這種自我內在的人。

「你有必要搬出數學公式嗎？這樣很讓人倒胃口欸。」

朋友似乎對於我說的這番話感到詫異，但是我很清楚知道他為什麼要這麼做，所以笑著繼續說：

「只是個幽默好玩的題目而已，又不是要你用數學做出正確計算。」

瞬間，朋友的眼睛裡彷彿有煙火直竄天空，出現恍然大悟的感覺。如今，我們已經到了不必多說也能理解彼此的年紀、聽得懂對方的那種關係，但是走到這一步為止，我們也起過無數次的爭執。

該怎麼做，才能和「tone and manner」（風格和語氣）不太契合的人相處融洽呢？

在我看來，根本的解決對策是「自信」。各位可能從前面的內容中有感受到，我其實本來是一名極度缺乏自

信，也認為自己不怎麼樣的人；但是現在已經變得能與許多人交流、參加派對，也經營各種課程。

十年前的我，生活裡只有先生和孩子，而相較於當時，現在的我已經變得很不一樣了。雖然情況已經有了大幅度的轉變，但是我個人只有一個改變：自信，也就是變得開始會認為自己是個不錯的人了。

沒自信時，我總是預先設想到「失敗」。

要是我先向對方打招呼，對方會不會覺得我很奇怪？

對方要是對於我說的這番話感到不悅的話，怎麼辦？

要是問完以後被罵「怎麼連這都不知道」的話，該如何是好？

要是認為我這個樣子很丟臉的話，怎麼辦？

只要想做一件小事，就會出現一連串的「怎麼辦」，總是預先往負面的、不好的、失敗的方向去想，「為什麼我會是這副德行呢？」總是責怪自己。假如對自己多一點自信，至少就不會有這種用失敗來做結尾的習慣了。

後來我發現，自信其實不在遠處，只要認可自己即可。一旦認可自己，就能變得更大膽。我原本擔心，要是我先主動向對方打招呼，會不會被認為很奇怪，但是想要這麼做的心情裡，其實蘊含著欣喜，或者對那個人的好感，既然是基於很高興見到對方的心情而選擇率先打招呼，那麼，又怎麼可能會有人認為我很奇怪呢？假如對方真的這麼想，那就大不了別再當朋友就好。像這樣知道了自己的真實心聲以後，我也變得能用更陽光的能量靠近對方了。

　　在人際關係上一定也存在著暖色調與冷色調，有些人對我來說是溫暖的，有些人對我來說是冰冷理性的。不過像這樣與自己截然不同的人相處，絕對需要一段配合彼此溫度、類似換季期的時間。只要別太急著靠近人家，或者拉攏對方，等過了換季期以後，說不定就能嚐到人際關係的甜頭。

　　儘管一開始是比較理性冷靜的人，也能成為非常酷又帥的朋友；或者一開始待人非常溫暖，卻很快察覺到自己的溫度，進而重新與人保持適當距離。在我看來，無法撐

過那段換季期的人，根本就沒有當朋友的資格，假如真的注定是朋友，彼此就會努力拉近距離了，不是嗎？我們應該毋需花力氣和不想要付出任何努力的人當朋友。

不要變成宛如家庭作業的人

我非常喜歡她。她總是坦率、忠於自身慾望、情感豐富。我研究珠寶，有時會不禁心想這樣的人會不會是真正的鑽石，不允許任何刮痕的鑽石，也不允許顏色混濁，更不允許被其他工具切割的原石；由於在精雕細琢前就已經具備裸鑽的魅力了，所以會吸引許多人追隨的那種人。

喬治‧桑（George Sand）過世時，《悲慘世界》的維克多‧雨果為她寫了一篇追悼文，而《包法利夫人》的古斯塔夫‧福樓拜（Gustave Flaubert）則是淚流不止。在巴黎文壇與藝術界裡，鮮少有人未曾與她書信往來。據說到死前為止，她身為藝術家、戀人所往來的信件足足超過四萬封，她是眾多誹聞的女主角，也是卓越的社會運動家。

以她為靈感所誕生的作品當中，若要舉一個我們最熟

悉的作品，那應該就是〈夜曲〉了。蕭邦的曲子當中最受韓國人喜歡的鋼琴曲──〈夜曲〉，就是蕭邦和喬治・桑一起移居馬約卡島時寫的。

蕭邦遇見喬治・桑的時候，女比男大六歲，女方甚至已婚，有兩名子女。病懨懨的作曲家與身穿男生服裝、叼著雪茄、出入俱樂部的小說家，兩人的相遇！據說蕭邦的知名樂曲，大部分都是在和喬治・桑一起同住時創作的。喬治・桑宛如母親般細心照料體弱多病的蕭邦，但是就在她主動提出分手後，蕭邦難以承受打擊，於是過沒多久便離開了人世。

像喬治・桑這樣的女人在我們周遭隨處可見。她們運用自身才華為他人激發靈感、成為人生動力；帶著別人沒有的魅力，吸引對方來到她身邊。她們有著與生俱來的能量，是讓人想要模仿也模仿不來的。但她們談一段感情也不會拖很久，只要認為已經享樂夠了，就會毫不留念地拍拍屁股離開。她們的周遭總是圍繞著人群，但是彼此之間卻很少聯繫。

簡言之，就是人脈王。但是這種人對我來說感覺比較

像家庭作業，老是會有一種不呼應她不行的那種印象，彷彿不附和就會變成只有自己會脫隊的感覺。她們擁有龐大的能量足以將對方或推或拉，雖然知道這會是一段對自己有利的關係，也非融入不可，但仍會有一種只想要趕快做完的作業感。明明對方人很好，也很有魅力，卻感覺不是能和我合得來的人。

反之，一定也會有人把我當家庭作業看待。見面時可能會認為我活潑開朗，人很好，但是會一直說一些出乎意外的發言，所以說不定會覺得愈認識我愈難懂也不一定。

仔細探究我們每個人，會發現其實都有著一段宛如家庭作業般的人際關係。究竟該如何解決才好呢？

除了坦白以外沒有答案，假如有想說的話就說吧，要是為了體恤對方的心情而把想講的話向後推遲，那就很有可能變成永遠做不完的作業。雖然說出來以後對方可能會感到不悅，但也總比永遠成為陌生人來得好，不是嗎？

在此還有一點要先想清楚，那便是自己與對方的立場並沒有不同。假如自己認定這段關係是宛如作業般的關係，那麼對方也很可能會這麼認為，自己心有不滿，對方

也很可能是如此。世上沒有任何關係是不辛苦、不困難的，人際關係本來就是一件苦差事。

假如蕭邦能將自身心情與心底話更坦率地告訴喬治‧桑的話，我們現在說不定就能聽到更偉大的鋼琴曲了。假如彼此都沒有把對方當成是作業般的人際關係，兩人一定也不會成為分手後連告別式都沒出席的那種關係。

✦ 讓人住進自己的心裡

讓別人當主角

第一印象不怎麼樣的人其實比想像中來得多。假如是初次見到的面孔，沒什麼好印象，卻還對我展現好感的話，人心就會像受到注射針刺激的血管一樣，直接選擇躲藏起來。過去的我也很容易受第一印象左右，我對自己的期待值很高，對他人的期待值也偏高，雖然不能說已經百分之百改掉這個習慣了，但是光憑第一印象就去判斷一個人的情形，現在已經幾乎不再發生。

不是說，每個人都是各自星球的主人嗎？都有其固有的品格及分量感。就算將整個人全部遮住，只要閒聊一兩句，便會展現自身氣場。儘管對方的說話口吻、全身裝扮都不是我喜歡的風格，我也會努力讓自己保持在完全尊重的心態。

某天，我和車隊一起騎重機時認識了一名六十多歲男子，由於追隨領隊的人來自四面八方，所以和該名男子也成了同一隊，而騎車的人其實穿著都大同小異，所以光從外表實在難以分辨究竟是青年還是爺爺。正當所有人都在喝杯飲料小憩時，這名六十多歲男子卻是無人搭理，獨自一人坐在角落。

　　我是個看不慣有人在團體裡被忽略的人，因為會覺得彷彿看見過去的自己，會難以忍受同一個空間裡有人是孤單被冷落的，於是我主動接近他，向他搭話。

　　「哇，您的眼鏡很酷呢！」

　　我想要創造機會讓尷尬陌生的人成為主角，就算今天是和某人閒聊到一半突然不知道該聊什麼，也會主動找出能讓對方願意侃侃而談的話題，一旦找到這樣的話題並用提問的方式丟出一句話，接下來對方就會自行找到對話主角的位子並對號入座。

　　只要熱情回答，周遭就會漸漸有人聚集，釋出好感。所以通常只要幫對方鋪好可以盡情分享的話題，我就不必再加入其中。

而對那名六十多歲男子來說，當天配戴的眼鏡就是個話題，因為一眼看上去就能感受到絕對是他鍾愛的配件，之所以顯眼，就表示他在那副眼鏡上花了心思。只要聚會場合上有人在某個部位稍作強調，我就會一眼認出並像擴音器一樣賣力地為對方做宣傳，因為我知道那是一種希望被人發現、被人關注的信號，所以自然而然，我也成了協助炫耀的角色。

　　假如有人手上戴的手環尤其明顯又很多層的話，只要說一句「哇～今天有特別花心思在手環上喔～」對方就會以「這是我上次忍不住動用緊急預備金買的啦」做開頭，滔滔不絕說個不停。

　　試著讓這種人當主角吧，他是為了要炫耀而出門的，讓他充分有機會炫耀才是對的。他花了心思在某個地方上，而我只是主動察覺而已，還有什麼是比這點還值得關心的呢？從那一刻起，對方會將我納入他的圍牆內，同樣地，對方也會被我放進我的圍牆內。

　　該名配戴帥氣眼鏡的男子，自我稱讚他的那一瞬間起就成了主角。幾天後，他寄了一籃筐的公司免費促銷商品

包含隨行保溫瓶等來我家，看到公司標示時我著實嚇了一跳，原來他是專門販售高檔羽絨外套的公司執行長，等於是在非刻意的情況下，意外結識到一名有頭有臉的大人物；但明明就只是那副眼鏡吸引了我的注意，幫他起了個話題而已。

稱讚也要審慎篩選

大家都知道稱讚很重要，但是對於如何正確稱讚都表示困難。我個人是主張可以不吝稱讚，但是與其根本不了解對方就胡亂稱讚一通，倒不如不要稱讚。比方說，一開始見到人就馬上找到了值得稱讚的地方，結果卻發現是自己誤判的話，氣氛就會頓時降到冰點；像有人的鼻子看起來很有福氣，你認為很帥，所以說了一句「哇，你有個福氣鼻欸！」結果卻發現原來這一直是對方不甚滿意的部位，那該如何是好？

誠如我先前所提到，先讓對方成為主角，拉近彼此關係以後，再尋找值得稱讚的話題，會不會是相對安全的稱

讚方法呢？要是在都還不是很熟悉的狀態下就貿然一陣猛誇，對方也很可能會認為你很虛偽。

除此之外，隨著觀點不同可能會有不同感受的稱讚，也很容易帶來反效果。比方說，我們很容易從對方的外表尋找稱讚之處，但是聽說現在的十幾歲的年輕人會認為漂亮也是在評價一個人的外貌，所以會感到排斥；但其實在我們這一代，漂亮是最好的稱讚。

如今已是人人都嘗試過減肥的時代，假設有個身材非常纖瘦的人在你面前，於是你對他說：

「天啊，你好瘦，好好喔～我的心願就是能像你一樣這麼瘦。」

明明是基於稱讚而說的話，但假如對方是不喜歡自己太瘦，反而羨慕前凸後翹身材的人呢？你們可能連拉近關係的機會都沒有就直接關係破裂吧，對方會當場關上心門，就算試圖讓對方重新敞開心房接納自己，也會需要花費好大一番功夫。

人際關係之所以處理起來棘手困難，是因為難以做到

換位思考。還是先設身處地站在對方的立場思考，再來想想稱讚的元素吧。比起那些老掉牙的稱讚，不如找出對方真正想聽的是什麼，才是關鍵。

我們活著，絕大部分的時間都是在賺錢。若要賺錢，不論是做生意還是演講，都得先擄獲人心才有辦法成功。而任何人都難以否認、使人心情愉悅的稱讚，正是抓住人心的開端；但是切記，千萬不要貿然以自身觀點出發去稱讚別人。

永遠不敗的稱讚技術

主動察覺型稱讚

對於外表，我們容易把稱讚和評價搞混。假如是想要稱讚對方，卻令對方覺得自己被評價就不好了。比起用「這個髮型好適合你喔！」來稱讚，用「喔？你換新髮型了欸！」會比較不容易讓人有被評價的感覺，卻又同時傳遞著我對你有興趣、想要接近你的信號。

安慰型稱讚

我們可以單靠一句話就同時給予安慰與稱讚，舉例來說，有個人一天走不到一萬步好了，只要對他說「你已經走六千步了喔？太厲害了吧！」就能同時提供沒能走到一萬步的安慰與走到六千步的稱讚。

具體型稱讚

太棒了，很好，謝謝，在諸如此類的簡短回答前面一一增加修飾語，假設有人準時赴約，就具體向對方表示：「怎麼能這麼準時！好棒喔！」

將毛線變成粗繩

凌晨一點左右結束聚餐後，我叫了代理駕駛。雖然的確帶有一點醉意，但是因為不想要和代理駕駛司機一路尷尬地回家，所以還是試圖主動搭話。

「您工作到很晚耶。」

我只是起了個頭而已，後來就不用我再多說什麼，司機大哥便與我侃侃而談。他說孩子都大了，孫子還出國留學，年紀大了還沒到深夜就會想睡覺，一覺醒來到早上都很精神，所以出來開車一兩個小時以後回家又能再重新睡個好覺，他把這樣掙來的錢存下來當作生活費，偶爾匯一點零用錢給孫子等等⋯⋯，就在那短暫的時間內，他把自己家裡的家庭史幾乎全告訴了我。

像這樣把對方認為重要的人生一部分，像拉蜘蛛網一樣抽出一個線頭，就會接連拉出一整串的故事。

「您真的好了不起。」

我適時地附和了一句，於是司機大哥又開始滔滔不絕，告訴我要趁能賺的時候多賺一點、工作是一件多麼愉快的事情、自己多愛老婆等等⋯⋯。

面對一名帶著好奇心聆聽的人，怎麼可能不面帶笑容？有個人宛如手握糖果的孩子般眼睛閃閃發亮地看著自己，又有誰不會開心期待？既然都難掩欣喜地想要與人分享自身故事了，彼此之間的距離感自然也會拉近不少。

幾乎沒有人不會自我憐憫。每個人都會想要認可生活至今的人生，安慰自己。不因心情、情況而左右，能夠永遠安慰自己的力量便是自我憐憫，在此要是還有受到他人認可，那麼效果就會加倍。我們內心的毛線正是自我憐憫，明明只是隨口拋出一句話而已，要是在那句話當中感受到自己有被認可，大部分人就會想要讓對話延續下去。

當毛線被一條一條解開，彼此再互相纏繞，就會變成一條粗繩，使彼此的關係緊密的媒介。把對方放進自己的圍牆內，並不需要多大的戰略或縝密的技術，只要認可對方，保持一顆能夠讓對方卸下心防的溫暖之心，默默觀看即可。

默默觀看，雖然看似是一件容易做到的事情，但其實出乎意外地不容易執行，因為人通常都會想要干涉、評價、引導。假如你有發現自己身邊不容易聚集人，不妨試

著回首檢視一下平日自身態度，是不是沒有默默聆聽，一直急著想要提供解決對策給對方，是不是沒有默默觀看，一直想要干涉、嘮叨，然後最後也一定要做出誰對誰錯的結論。這些都是我們容易在無意間犯下的說話失誤。

　　明明有人已經在嘗試靠近自己，而你卻裝出一副好說話的樣子，實際上是在妄下評論並豎起圍牆。我們不要再放任這樣的失誤發生了，因為這樣會讓內心的毛線頭原本抽絲剝繭得很順利，最終卻難以互相纏繞就錯過失去。

閒聊是藥

十幾歲的年輕人都會說：「媽，我只是要妳聽我說而已，不是要妳幫我解決問題。」對於想要得到絕對共感的人來說，沒有什麼比閒聊來得更適合作為禮物。一同坐下來聆聽並適時回應附和吧，不是要你假裝傾聽，而是要認真當成自己的事情去一邊感同身受、一邊聽對方說話。

多多學習

一開始，為了認識人，沒有什麼比共同學習來得更可靠的了。不論是學習彩妝也好、閱讀也好，尋找能與他人一同進行的學習項目吧。一個人的人生宛如一本精彩可期的書籍，只要是能與人一同學習的地方，不論學什麼，最後都不只是學到課程知識而已，還能學到關於人的一切。

丟掉優越感

都說即便是路上遇見的小朋友，也有值得學習之處。在我看來，我們必須放下自己現在身處社會什麼地位，所以要認識相同程度

水準的人這種觀念，才能打開更多關係之門，收穫一同並肩而行的朋友，一同經歷一些事件，並且迎來多采多姿的變化。

保持好奇心

如果說，至今為止都是從熟悉的事物感受到心情舒適，那麼從現在起，不妨試著挑戰看看那些不熟悉、從未嘗試過的事物。就算是缺乏好奇心的性格，也要帶著些微的興趣去嘗試看看，你會看見提問變多的自己，也會遇見能夠給予答案的老師。

關心周遭

展現關心，其實也是在展現自己是有人性的一面。卡內基提出的人際關係論也只有一個結論：對自身周遭保持關心，因為關心會像迴力鏢回到自己這邊，成為變化與成長的奠基石。

✦ 成為能與人打成一片的人

愈是內在堅強的人，在與他人合作時愈能夠發揮絕頂的實力。而這也是為什麼我要向各位傳遞這麼多專注於自我的故事，也是希望各位可以先打造出堅強的自我，再思考自己要做什麼。

當你換到新職場或者加入新聚會時，經過一段陌生尷尬的時間之後，通常會看見裡面的文化。有些組織很容易接納積極進取、鮮明突出的個人，有些團體則偏好乖乖遵守規則、配合度高的人。這時，我們該採取何種立場才好呢？不論是大企業還是社區型文化中心的聚會都一樣，統統都不會喜歡一開始就非常突出的那種人。

為能融入團體，首先有一點要銘記在心：無論如何先選擇融入大家。

人生所有過程都是獨立的延續。從出生、走路、奔跑、說話，到上學、滿二十歲、脫離父母的養育，會經歷一連串獨立過程。透過自己的獨立史長大成人的人類，在準備要加入某個團體時，會想要堅守自己固有的性格特質，這是極為理所當然之事。因此，往往會急切地想要展現自己或者變得充滿防備，容易做出極端選擇。我們在這兩種極端當中能做的事情是，採取自然融入的策略。

　　韓國女諧星張度練曾向前輩李敬揆吐露，她因為老是抓不到自己在綜藝圈的角色定位，所以不知該如何是好。後來據說這位前輩對她說：「妳的角色就是嘰哩呱啦。」因為她是不論和誰都能嘰哩呱啦聊個不停的人，所以前輩給她的忠告是，不要在綜藝節目上扮演十八禁的角色，並稱讚她絕對是唯一一位能成為韓國歐普拉的女藝人。

　　我們可以藉此得出兩種意義。一是我們不一定非得要當主角。仔細尋找，會發現一定有自己適合扮演的角色；可以是擔任注入活力的幽默角色，也可以是讓人放心駐足停留的影子角色，都是必要的存在，所以不能說哪一種角

色比較重要。值得思考的是，我們每個人從小都接受著關心與加油打氣長大，會不會正是因為如此，才會導致每個人都只想去坐主角的位子？張度練在以充滿刺激話題吸引大眾注目的綜藝脫口秀裡煩惱自身角色定位，這就跟我們的煩惱雷同，團體裡絕對也會需要和張度練一樣，容易融入的角色。

另一種意義則在於，不要煩惱自身的角色定位，而是扮演輔助其他角色鮮活起來的那種角色。讓歐普拉成為世界性具有影響力的公眾人物其實是《歐普拉·溫芙蕾秀》，這場電視節目脫口秀之所以能成功，要歸功於它打破了以往攻擊、深入挖掘式的脫口秀公式，改以親切熟悉的氛圍，讓來賓願意卸下心防與主持人侃侃而談。而在十四歲年齡尚幼的年紀成了未婚媽媽，到十九歲進入電視臺節目組打工的歐普拉，想必一定也經歷了不少辛苦、痛苦的時間。從那些經驗裡所磨練出來的共感力，絕對是能讓他人敞開心房的動力。

而現在演藝圈大前輩李敬揆，不就是在對張度練說她可以扮演這樣的角色嗎？我相信，一定是因為前輩清楚知

道她平時的待人處事態度及共感能力，所以才會說出那番話，給她建議。

我們的社會變化莫測、詭譎多變，隨著獨立作業的工作內容變得細分化、多元化，合作的重要性也會愈來愈高。場面愈是失控，只要緩衝泡棉牢固就能使人安心，所以宛如緩衝泡棉的人就變得愈加珍貴。

不論你屬於哪一個組織，融入其中都是最為優先的。設定好共同目標，朝一個地點前進的人，需要的是接納彼此的心態和開放的態度。假如心態是準備好的，但是不知道採取行動的方法，那麼只要由組織來指導即可；假如態度是開放的，但是還找不到動機的話，只要和大家一起重新複習目標即可。然而，要是有人兩者皆沒準備好，不論捲起袖子多麼想改變都只會於事無補。

各位一定也有見過，自我意見難以貫徹時會鬧脾氣或者憤而離席的那種人，雖然有共同目標，卻沒有接納他人意見的意願。我們需要的是能夠實現共同目標的人，絕對

不是砸毀一切的人。

　　對我們來說，最需要的生存技術，正是融入策略。

關鍵人物策略

　　仔細觀察那些人生順風順水的人，周遭通常都會有個很特別的人，經常支持他、認同他的熱情，有時還會提供必要的支援，類似這樣的角色一直守護著他。

　　反之，觀察那種明明有著傑出能力卻得不到實力認可，老是只能接受遺憾結果的人，其周遭則沒什麼好人。我們會以為，能夠把自己的事情做得完美的人才會成功，但其實成功總是會回到人氣王身上。

　　答案很簡單，只要自己成為人氣王即可。都說胳臂會向內彎，喜歡的人提出的點子就算不甚完美，也會認為只要再稍微修改一下就能夠重新救活，會往好處去看待；反之，總是工作表現良好、只說真話的人，要是提出了不夠完美的點子，大家就會連正眼都不瞧他一眼，對待兩種人的態度截然不同。

然而，光靠努力，很難突然一覺醒來成為人氣王。若要練習傾聽的技術、配合對方的速度，並且擁有和周圍人士和樂融融相處的態度，這些都是需要經過長時間才有辦法養成的。

　　此時需要的正是關鍵人物，直到自己成為更成熟、能夠分享智慧的人為止，能夠將那份養分與我共享的人，而且也會分享智慧給別人、把自身時間與努力心甘情願交出來的人，讓這種人留在自己身邊也是一種方法。假如你有著單靠自己難以解決的問題，具備能夠一起解決問題的人脈，也是另一種方法的意思。

　　我們都想要成為優秀傑出的人，也想要成為被周遭朋友需要的人，假如這兩者你都不符合，就需要趕快轉換立場才行，因為對於無法接受幫助、也無心提供別人幫助的人來說，成功是獨自漂流在遙遠叢林的一場冒險，既危險又寂寞。

　　關鍵人物不是自視甚高的人，而是很了解大家需要什麼的人。類似賢者的角色，當你遇到難關，需要的不是網路搜尋來的建議，而是基於實戰經驗的建議時，是否有個

可以打電話詢問的人？那個人就是你的關鍵人物，不論何時聯絡，都會提供可能的解決方案。

那個人也會扮演人與人之間的橋梁角色，他們往往能夠精準快速地掌握需求，並且與人分享。當然，這種人也需要具備解決問題的能力，內心也要有溫情。

人們都有著平時不會展露出來的多餘能量堆積在心底，不知何時會爆炸的物質，層層堆疊在內心深處，能夠去到如此深處進行探索的人，才能自由運用那股能量。

這是美國心理學家威廉・詹姆斯（William James）說過的一段話。雖然是在說明內在潛力，但是假如再進一步解讀，也是指我們可以去發掘周遭人士或某個團體、社群的潛在能量之意。

每到年底，幾乎所有公司都會為員工準備尾牙，而我每次出席這種場合都會有一種感受──績效好的人身邊都會有個永遠支持他、給予幫助的關鍵角色。

某次我受邀參加某化妝品公司舉行的尾牙活動，正在

等待我的演講出場順序，按慣例，「年度優秀員工」依然是一名加入公司剛滿一年的新人當選。

「其實一直到前幾個月為止，我每天早上出門上班前都還是會煩惱到底要不要離職，但是每天早上部長都會買好貴的美式咖啡請我喝，在我心想著自己在這間公司好像沒有未來、默默打算獨自落跑的期間，他好像比我更相信我自己，也總是為我加油打氣，所以今天能夠領到這個獎，都要多虧我的好部長，未來我一定會繼續努力的！」

我聽著這段簡短的得獎感言，不禁也開始四處張望尋找起這位部長，想要看看其廬山真面目，但其實在玫琳凱或 NU SKIN 等女性專門企業裡，類似的實際案例屢見不鮮，因為這種企業比其他任何組織都需要更傑出的女性共感能力、溝通力和連帶能力。

自視甚高的人周遭往往沒有關鍵角色，一開始一定會有一兩次是自己扮演關鍵人物的角色，也可能會接受關鍵人物的幫助。然而，不是靠人脈管理或魚場管理諸如此類的感覺就能擔任關鍵人物角色，不具有對人的誠意與感謝之心是難以辦到的。

人就像裝在玻璃杯裡的水，滴入一滴紅色水彩就會染紅，滴入一滴黃色水彩就會染黃，會互相染色，這是難以隱藏的。我們每個人都會相互利用，這沒什麼不好，但是利用了人以後，像衛生紙般丟棄才是不好的事。

我們可以當個容易被利用的人，但是希望各位還是能成為不忘感謝的高貴之人。只要對彼此來說都是重要的存在，就不要忘記對此心懷感恩，因為成為彼此的關鍵角色是好事一樁。

派對是聚集眾人的策略

我很喜歡派對，光想就會覺得有趣、好玩、心跳加快，有一種在日常上畫下了一顆大大的休止符的感覺。準備那些看起來美味、對身體有益的食物，聯絡大家、商討派對穿搭主題等，這些過程都令我感到非常幸福。

不論派對大小，就算只有兩個人相約見面，我也會想要把它弄成派對。只要準備一根蠟燭、插一朵鮮花在花瓶裡，準備茶或咖啡、紅酒等飲料即可。我可以用這些小道

具營造出適合當下的氛圍。

　　我喜歡派對還有另一個理由，因為可以有機會見到不一樣的人、認識新朋友。假如被邀請來參加派對的人當中有人問我能否再多帶一個人來的話，我是無條件樂意且心懷感恩的。

　　雖然這樣說可能會聽起來有些淒涼，但是隨著年過三十邁入四十以後，認識新人的機會就會銳減，畢竟已經到了不適合換工作的中間管理者年齡，只要沒結婚，就很難再被介紹或者介紹新的朋友認識。更何況，如今的退休年齡都有愈漸提早的趨勢，所以會覺得自己已經到了要準備退休的時期。說好聽是進入穩定期，說難聽則是不再有新事物，這就是四十世代。

　　因此，透過派對這個媒介，我反而能感受到可以更積極認識人的魅力。這樣說有些人可能會誤以為我整天沉迷派對，畢竟派對文化還不到已經完全融入在我們的日常生活當中。

　　至今，仍然有許多人對派對抱持著矛盾的情感。一方面是從未體驗過的華麗氛圍、若出席的話擔心會不會只有

自己落單，但是受邀出席還是會感到期待、好奇等。諸如此類的多重情感在內心交織，認為派對不像現實生活，和婚禮或滿周歲活動截然不同。

「我要辦一場派對，你要來嗎？」每當我開口問大家，都會得到「我可以參加嗎？」的反問，大家會認為應該和至今為止參加過的活動差很多，當然，兩者一定會有差異。

如果說，我們過去參加的活動或聚會是僅止於維持關係的話，派對是屬於更目標導向型的活動。在派對場合上，不太熟悉的人互相認識、交流資訊的層面比較多；但是一般活動的話，大部分都是早已認識的人聚在一起吃喝玩樂，簡言之就是在維繫感情而已。

韓國式的派對「宴會」才真的是為了維繫親戚之間的感情，或者有喜事時所開設的飯局。由於都是一些認識的人相聚，所以不必特別介紹誰，或因為不曉得自己該待在何處而四處張望。我們已經太熟悉這種聚會活動，突然聽聞要參加派對反而會感到十分害羞，因為至少知道是需要見陌生人互相認識的場合。

相較於提到派對就會馬上想起的國家——美國，其差異更為明顯。美國是透過開拓發展而成的國家。如果去看最初的開國歷史，就能看出他們是多麼積極進取的人，他們會主動積極地去尋找自己需要的東西，為了宗教自由而移居，開墾土地、設立學校，定居在一片新大陸上。

他們的派對文化與韓國截然不同。目的性非常明顯，搬家時、交了新伴侶時、入學時、換教會時、工作升遷時、介紹產品時等等……，會因無數種理由開設派對並邀請賓客。愈是不認識的人，會愈認真邀請對方前來參加。電影中，也經常可見在派對中落單的男女反而在一陣寒暄過後互有好感的橋段。在我看來，美國人是連人際關係都會主動積極開拓。

明確的是，這種西方派對文化在韓國已逐漸成形。我們也不再侷限於自己出生的地方過生活。隨著一人家庭與未婚世代的增加，形成人脈圈的機會也愈來愈少，被迫放在需要不斷認識新人的環境裡。會從出生到老死都生活在同一個地方的，只有那些住在山谷村落或小島漁村的老奶奶。老爺爺們可能還有短暫欣賞過外部世界，但是出生於

一九〇〇年代初、中時期的奶奶們，通常都是在自己出生長大、結婚嫁進去的地方結束一生，這也不過是一百年間發生的事。

如今，不能再將派對視為與自己距離遙遠的喧嘩聚會。在我看來，如果要認識新朋友，沒有什麼活動是比派對更舒服、更棒的形式了，因為可以自然介紹或者被介紹認識，互相牽線；更何況開設派對的目的往往很明顯，所以來參加的人都會心裡先有個底。

派對是讓我們建立關係、從關係中創造商機的新礦脈，尤其在愈漸孤立的網路時代，透過這種方式面對面接觸是非常必要的，需要更積極創造並管理自我人脈。我很喜歡「開拓關係」這句話，因為一路走來，我一直都夢想能夠擁有新世界。

說不定就能從「這禮拜我打算在家裡開下午茶派對，你要來嗎？」發展到「我們這禮拜要不要一起去參加遊艇派對？」不是嗎？

不需要把一切都準備得太過隆重或華麗，只是當你需要四處覓尋好機會時，派對這種良好的形式剛好在我們身

邊而已。

如果想要在派對場合上認識新朋友

派對文化之所以讓我們倍感壓力，應該是因為商業與社交這兩種目的性所致。只要一想到是帶有目的性的派對，就會感覺自己不該出席，也對於參加這種活動有心理負擔。

因此，我設定了一些前提條件，在這場聚會中，要有我想要付出、創造、分享的能量，不是我需要從對方身上得到些什麼，而是我想要付出點什麼給對方。撇開那些人的水準與能力，只要先端出我想要提供的能量，那場派對就是成功的。就算是兩人約會，也會產出充滿創意的結果，讓彼此心靈充電。

「讓對方覺得和我見完面以後得到了新能量。」

這個想法就是我舉辦派對的目的。換言之，與人見面是基於希望對方需要我、想要從我這裡聽到些什麼，或者想要從我身上得到點什麼。以此為出發點，先觀察自己，

要是連我都不了解自己，又豈能提供對方能量。

　　比起任何條件，我把重點擺在「我」本身，是因為陷入自我的人很難接納他人。一旦陷入自我，聊天主題就會從「過去的我是這種人」類似這樣的炫耀文開始，無止盡地蔓延發展下去。聚會結束後還會讓人有「為什麼會和他見面？」的念頭。

　　陷入自我的人會變得非常敏感，執著於小地方，進而看不見整體。但他們渾然不知，綜合來看的話就會變成自顧自說話的那種人。然後只要聽到某個在意的單字，就會為了咀嚼其意義而遠離眼前的一切，不再認為對方是重要的，因為在那當下，他自己才是最重要的。

　　如果是各位，會想要再和這種敏感、專注於小地方的人見面嗎？只有自己最了解自己，出席派對前，要先整理好那天的自己才行。若要擁有足以壓制現場氣氛的存在感，就得先滿意當天的自己。

　　「我現在是用真誠的心在幫助人。」

　　接近我們的人一定是有著某種原因，可是我們不必急著想要事先知道。因為只要被營造出來的氛圍所感染，就

會自然願意娓娓而談，聊到激動處甚至會真情流露，或哭泣，或憤怒，有時還會說出自己真正需要的是什麼；也就是所謂的動機化，產生「就算說得亂七八糟，也能聽得清楚明瞭」的連帶感。

　　像這樣為了專注投入在對方身上，前提是必須先對自己誠實，是否真心認為與人聚會是一件開心的事情，否則就不會有人來參加申銀英所舉辦的派對了。

成功的派對技巧

• 為了避免讓前來參加派對的人太尷尬，除了主辦人以外，至少還要再邀請一位其他人也認識的人一同前來參與派對，這樣就能成為發言的好搭檔，形成一股自然而不尷尬的氛圍。

• 為了讓前來參加派對的人不要太錯愕，一定要事先講清楚這場派對的目的是什麼，有些人可能想要介紹新產品，有些人可能才剛搬來附近居住，想要認識鄰居等。讓受邀者至少先知道是什麼樣的聚會場合再出席派對。

• 拍照時永遠要記得事先取得對方同意。就算是口頭同意也好，比起因為是自己舉辦的派對而隨意拍照，不如徵求對方同意再拍攝，比較容易讓人有受禮遇的感覺，事後將照片上傳至社群平台也不會有任何糾紛。

• 盡可能避免拋出讓對方有機會以「是」或「不是」等簡短方式作答的話題。比方說，不要問對方：「吃過了嗎？」而是用「今天中午和誰一起用餐的呢？」這種方式來引導對話可以持續發展下去。

- 假如怕尷尬的話，可以同時丟出稱讚與提問，比方說，比起用「高跟鞋和今天的穿著簡直絕配！」來稱讚對方，不如說：「高跟鞋好漂亮喔！是為了今天特地穿出來的嗎？」這是在透過對話幫助對方更能夠展現自己。

- 將一切留下記錄。就算只是簡單的記錄也好，把氣氛、出席者名單、特徵、是否有訂外燴等寫下來，尤其是紅酒品牌，因為等日後如果有人問你：「那天我們喝的紅酒是哪一款？」就能提供明確的幫助。

- 多花一些心思讓第一次出席派對的人開心到想要向其他人介紹今日派對，包括在派對結束各自返家以後，記得在群組裡發一封感謝訊息給所有人，而對於特別需要關照的人，則以私人訊息再傳一封給對方以示關心。

FORCEFUL TIME

提升人際關係能力的提問

❶ 為了與人保持適當距離,你正在實踐哪些事?有的話,請逐
一寫下。

....

❷ 試著寫下自己和他人對話時,經常使用的說話方式。

....

❸ 除了家人外,和誰一起度過最多時間?

....

❹ 試著回想最近都和誰分享趣聞趣事?

....

❺ 撥打電話給好一陣子沒聯絡的朋友時,是為了提供幫助?還
是為了接受幫助?

....

❻ （不含家人）在職場上、住宅大樓、居住地區裡，有無維持私交的對象？

....

❼ 你經常會向誰尋求協助？

....

❽ 你經常會想要幫助誰？

....

❾ 試著寫寫看，自己是否時常進行社群活動（包括網路）。

....

❿ 我在所屬的社群、聚會活動、讀書會等團體裡，通常是扮演何種角色？

....

尾聲

氣場打造者，是活出自我的夢想創造者

知識生態學家 **劉永萬教授**
《設計語言》作者

　　我們從出生到死亡，都是按照別人設定的幸福標準過生活。比較對象永遠都是外人，視線也總是朝向外頭，活著的目的也不明確。幸福與成功的標準統統都是按照外部（他人）而活的感覺。直到某一刻才會開始認真問自己，這樣活著真的對嗎？

　　氣場打造者申銀英代表曾經也是其中之一。努力苦讀考上知名大學，再認真埋首讀書，過了一段社會生活之後，在偶然的時機點步入了婚姻。原以為有了家庭、當個平凡的母親和太太以後，日子過得還算幸福，卻在某天突然開始尋找真正為自己而活的人生，並且思考自己究竟是誰、有沒有活出別具意義的人生等疑問。隨著年齡漸長，過了三十和四十的門檻以後，開始認真思考，究竟活出自我是要用哪種方式過生活？尋找我專屬的固有色彩和風格是什麼樣的人生？像這樣經歷完好幾次的實驗與犯錯之後，此

次端出的話題便是「成為有氣場的人」。

　　氣場打造者用不能和任何人做比較的「與眾不同」，來追求最像自己的「做自己」。愈是追求「做自己」，其固有的「美麗」之所以會發光，就在於阻斷了向外的視線，透過向內的視線與昨日的自己相比，而不再是與他人做比較。習慣與他人相比的人，永遠都會過著不幸的人生，變得悲慘黯淡；但是懂得與昨天的自己相比的人，會發現並開發自己的優點與才華，帶著一顆展望未來的心，夢想幸福人生。

　　沒有氣場的人，容易看人臉色，拚了命地讓自己要符合世俗標準；但是氣場打造者會投以溫暖眼光，追求自己偏好的標準與價值觀，用自己的方式生活。

　　最重要的是，氣場打造者不會做出莫名其妙讓人蹙眉的虛張聲勢舉動，也不會靠過度的表演技巧來吸引眾人注目。氣場打造者最在意的是，擺脫自己的人生要按照他人

決定的標準而活的想法和行為。氣場打造者儘管有著難以隱藏的缺點，也不會將其視為缺點，反而會認為是能夠展現自我的關鍵墊腳石。就算是對自己不利的情況，也會準備好能夠採取的最佳對策，在煎熬難耐的過程中，不自覺地激發出關鍵性的力量。

　　氣場打造者所創造的人生七種彩虹，絕對是所有人都該視為楷模、做為人生教訓的珍貴美德及實踐德目。

　　首先，氣場打造者絕對是「底子」夠穩固的人，他們在自身領域往往有著明確的中心與定位，是擁有扎實基礎的人。氣場是沒有基礎或基本的話很難產生的一股能量，缺乏底蘊的氣場就只不過是虛張聲勢罷了。氣場是從已經打好基礎的人身上，不自覺散發出來的能量。

　　第二，氣場打造者是「Ethos」（人品）很強的人，他們會適時套用 Pathos（感性）與 Logos（理性），和他人形成自然的信賴感。透過持續性的氣場打造，讓一個人的風格與色

彩相互融合，成為自動使人產生信賴的信任產物。

　　第三，氣場打造者是以「加法」思維帶著正面心態過生活的人，比起「減法」思維，他們更常使用「加法」思維。即便面對極端情況，也會用正面的心態樂觀看待世界。擁有氣場的人，會將人生當中經歷的一切視為獲得經驗教訓的資糧，所以不會讓任何一項經驗白費。

　　第四，氣場打造者是自帶「畫板」的人。他們都有著一片自己專屬的人生畫板，可以用自己的方式在上面任意做畫，將自己的人生畫成一幅偉大的藝術作品，隨時隨地只要有靈感浮現就會累積一點痕跡並創造奇蹟，這種人便是氣場打造者。

　　第五，氣場打造者會用自己的觀點洞察這複雜的世界，並在混沌中找出秩序，是屬於擁有「宇宙」視線的人。散發著氣場的人即便身處在困境之中，也會描繪出美麗風景，是逆轉局勢的高手。就如同雨後可以看見彩虹般，他們是透過身體力行，學習到如何翻轉逆境並將其變成經歷的人，

有著卓越的競爭力。

　　第六，氣場打造者不論面對任何情況，都會演出「高潮」經驗，不論接到任何任務，都會把感動的最高潮當成禮物獻給一同工作的夥伴，也就是「高潮」的演出者。

　　第七，氣場打造者是「合唱」演出者，他們不會單方面主張一定要採用自己的方式，而是會與其他人一起共創美麗合聲、懂得「合唱」的人。假如因為自己有氣場而不惜傷害他人也要堅持採用自己的方式，那麼這個氣場就會變成可怕暴力。氣場的終極目標，是用來作為與其他人一起建構幸福共同體的能量。

　　會對於自己這樣生活究竟是否正確感到懷疑的人、某天突然好奇自己究竟是誰的人、突然對於自己一直在努力追隨別人設定的人生感到彷彿成為落伍者的人、好奇何謂真正活出自我人生的人、想要尋找專屬於自己的固有色彩與風格並追求美麗人生的人，對於這些人來說，氣場打造

者申銀英代表的這本著作，將扮演漆黑大海上的一座明亮燈塔；而對於想要在自己的人生中累積痕跡並創造奇蹟的人來說，申銀英代表所傳遞的自身經歷將告訴你，究竟該如何實現自我夢想的夢想打造者角色。我相信，每當遇到人生危機時，這本書都會像夜空中的北斗七星，足以作為參考並指引你重新找到方向。

打造氣場

氣場全開，活出最好的自己

TOP
30

포스 메이킹 (Force Making)

作　　者	申銀英 신은영　(Shin Eunyoung)	
譯　　者	尹嘉玄	

編　　輯	魏珮丞
美術設計	謝彥如
行　　銷	鍾惠鈞
總 編 輯	魏珮丞

出　　版	新樂園出版／遠足文化事業股份有限公司
發　　行	遠足文化事業股份有限公司（讀書共和國集團）
地　　址	231 新北市新店區民權路 108-2 號 9 樓
郵撥帳號	19504465　遠足文化事業股份有限公司
電　　話	(02) 2218-1417
信　　箱	nutopia@bookrep.com.tw

法律顧問	華洋法律事務所　蘇文生律師
印　　製	呈靖印刷
出版日期	2025 年 01 月 22 日初版一刷
定　　價	460 元
I S B N	978-626-98844-7-6
書　　號	1XTP0030

포스 메이킹
(Force Making)
Copyright © 2022 by 신 은 영　(Shin Eunyoung，申銀英)
All rights reserved.
Complex Chinese Copyright © 2025 by Nutopia Publishing, A Division of Walkers Cultural
Enterprise Ltd.
Complex Chinese translation Copyright is arranged with SAM & PARKERS CO., LTD.
through Eric Yang Agency

國家圖書館出版品預行編目 (CIP) 資料

打造氣場：氣場全開，活出最好的自己 / 申銀英著；尹嘉玄譯 . -- 初版 . -- 新北市：新樂園出
版 , 遠足文化事業股份有限公司 , 2025.01
296 面；14,8x21 公分 . -- (Top；30)
譯自：포스 메이킹
ISBN 978-626-98844-7-6(平裝)
1.CST: 自我實現 2.CST: 自我肯定 3.CST: 成功法
177.2　　　　　　　　　　　　　　　　　　　　　　　　　　　　113020037